人生でひとつでも、夢中になれることを見つけられた人間は幸せ者だ。
ある日、雪とスキーに魅せられた男が、新たな雪と感動を求めて旅に出た。
スキーを担ぎ、国境のない地図を片手に。

プロローグ

「とっと（父ちゃん）、もう行くの？」
背後で声がしてハッとした。
なんで子供っていうやつは休みの日に限って早起きなんだ？　息子が起きる前に旅の準備を完了しようと思ったのに、昨晩興奮して夜更かししていた次男が、タイマーをかけたかのように朝5時ピッタリに目を覚ましたのだ。
今日は保育園の卒園式から一夜明けた振替休日。長男のときから数えて、実に6年半通い続けたワイルド保育園を卒園し、ホッとした気持ちと、寂しさのようなものが胸に共存していた。そもそも、全国的に見てもユニークなワイルド保育園になぜ子供を入れることになったのだろうか。子育て初心者の俺が持っていた唯一の教育理念は、「子供は自然の中で育つもの！」という漠然としたもので、それを察知した？　スキーの教え子のお母さんから「騙されたと思って見学してみて」と紹介されたのがワイルド保育園だった。自分自身がアウトドアのプロを自負していたので、ワイルド保育園と言っても、自然体験的な子供騙しなんだろうと甘くみていた。ところが、保育園の見学初日で、俺は完全にカルチャーショックを受けることになる。最初に見学に行ったのが、海の家を改造して作った夏季専用の園舎だった。目の前が海という環境で、子供達はタモを手に取ってエビや魚を捕まえたり、砂浜を走ったり、海に飛び込んだり潜ったり…。ありえない光景が目の前に繰り広げられていた。
よく見ると、子供達はタモで捕まえたエビを握りしめたかと思ったら、次の瞬間、美味しそうに生きたまま口に放り込んでいた。じっと見ている（ドン引きしている）俺を見つけた子供が、とりわけ大きなエビを俺に差し出して言った。
「美味しいよ！」

ウルウルした透き通った眼と、こんがりと日焼けした満面の笑み。子供にしてみれば、最上級の歓迎なのだろう。断るわけにはいかない。俺は意を決してエビを口に放り込み、目に涙を浮かべながら3回噛んで何とか飲み下した。今まで「俺はそれなりにワイルドだ」と思っていた自分が恥ずかしかった。
「おいしい？」「…お、おいしいよ！」何とか笑顔を作って答えると、周囲にいた子供達が一斉に動き始めた。「捕れたよ！」「いっぱいあるよ！」「もっと食べる？」両手に溢れるほどのエビを差し出す子供達…（汗）。
まぁ、こんなエピソードは腐るほどある。保育園自体が昭和初期にタイムスリップしたかのような場所なのだ。そんな環境の中で、納得いくまで仲間とぶつかり合い、絆を深めてきたこと。できないことに取り組んで、できるまでやりきる力をつけたこと。この保育園だからこそ、良かったことがいっぱいだ。話はすっかり子供ネタになってしまったが、この6年は子供の行事を最優先事項にしてきた俺である。今年はワイルド保育園の卒園式があり、さらには小学校の入学式がある。この2つの最重要ミッションが「地球を滑る旅」の時期のど真ん中に居座っていた。俺は正直言って、「今年は地球を滑る旅に出るのは無理かも…」と思っていたのだ。しかし、圭ときたら何食わぬ顔で言うのだった。
「今年はどこにいく？」
第1回目のレバノンに出た6年前と今とでは、特に圭の状況は大きく変わっていた。6年前の圭はカメラマンに専念し始めたばかりで、スケジュールにかなり余裕があった。それが今となってはスキー、スノーボード、アウトドアとあらゆる媒体で引っ張り蛸の売れっ子カメラマンになり、さらに並行してゲストハウス「オレンジハウス」を始めたことで、多忙を極めるようになってい

たのだ。しかし、そんな圭が何よりも大切にしている活動が「地球を滑る旅」だと言ってくれた。俺の100%プライベートな事情により、旅の期間の確保がとても難しくなってしまったのは申し訳ないけど、所帯染みた生活背景を踏まえて、それでも旅に出る中年像を描くのがこの旅なのだ。そういう意味では、このタイミングを縫って旅に出ることは、この上ないネタになるかもしれない。こうして、3月27日の卒園式直後に出発し、4月6日の入学式に合わせて一時帰国し、入学式直後に再び旅に出るという超変則的なスケジュールが出来上がった。
しかし、このひどいスケジュールだからこそ、ある意味奇跡的なプランを生み出したのかもしれない。1回目の旅が約1週間。2回目が約2週間。本来ならば3週間半ほどかけて、どこかのひとつの国をじっくり回るところだけど、だいたい1週間でスキーと旅をして、なおかつ取材であるから予備日も含めて組める場所なんてあるのだろうか？　そして、1回目の旅と2回目の旅は、できれば同じ国でまとめたいところだった。
グーグルマップで世界地図をぼんやり眺めていた。行きたい場所は限りなくあるけど、雪の時期や旅程を考えると、今回は難しいところばかりだ。
「北海道よりも寒くて、なおかつ近い場所か〜」
「ん？」そのとき、気付いてしまった。
何で見落としていたんだ？　いや、何で今まで行かなかったんだ？！　日本から一番近い国といえば、中国、韓国、台湾、ロシア…とすぐに浮かんでくるが、日本から一番近い海外のスキーエリアは？　となると考え込んでしまう。しかし、よく考えれば圧倒的な近さにあるじゃないか。灯台下暗しとは、まさにこのことだ。北海道最北端の街、稚内から宗谷海峡をまたいで42km先に、

日本から一番近い外国サハリンがある。南北約948kmの島の長さは本州の長さとさほど変わらない。とんでもなく長い島だ。地理的に日本から一番近く、戦前は南樺太は日本領だったということもあり、もっと近く感じても良い気がするが、祖父の世代から聞いてきた樺太から命からがら引き上げてきたときの話。ロシア人は卑怯者だと聞いて育ち、その後大人になるまで東西で冷戦が続き、アメリカ目線の教育で育った俺は、ロシアは悪者だと洗脳されて育った節があり、特にデリケートな樺太や千島列島には、とても重苦しいイメージを抱き続けてきた。とか何とか言いながら、俺の初めての海外旅行はペレストロイカ直後のシベリアだったし、その後も2回カムチャツカや北千島にスキーを担いで上陸している。初めて上陸したロシアの印象は、今でも鮮明に覚えている。

ペレストロイカによって民主化が始まったロシアではあったが、まさに混乱の最中だった。旅の先々で難癖をつけられ、その都度交渉に多くの時間と労力、そして賄賂を必要とした。酒場で女性に「このポーチちょうだい」と言われ、持ち去ろうとした女性を引き留めたら、KGBと思われる男に殴られて1発KOされ、鼻血が吹き出した先輩の姿…。凍てついた街は全てモノトーンに見え、黒いコートを着た無表情の人々が暮らす国…。未だに明るいイメージがない国だった。現在、新千歳空港発ユジノサハリンスク行きの定期便が就航しており、フライト時間も小型飛行機で1時間30分と東京間よりも近い。これは、1週間のスキートリップとしては最高のメリットだ。

こうして、あまり深く考えず、近くて且つ好奇心が湧く場所と言うことでサハリンが浮かび上がったわけだが、次の2週間はどこに行くべきだろうか？

広い広いロシアの中には他にも変わったスキーエリアがきっとあるはずだ。調べているうちに興味が湧くエリアがいくつか浮上してきた。オリンピックも開催されたソチもあるコーカサス地方は、ヨーロッパからたくさんの観光客が集まるリゾート地だ。かつて2度に渡って訪れたカムチャツカ半島は、あまりにも広大かつワイルド過ぎて、何度行ったって新しい発見があるだろう。モンゴルとの国境付近にあるアルタイ山脈麓は古代スキー発祥の地と呼ばれ、一度は訪れてみたい地域の一つだ。何しろ、世界一広く、182もの民族が住む世界に類を見ない他民族国家である。地域が違えば文化から気候、下手すれば言語まで何もかも違う国なのだ。その中で、俺の食指を最もくすぐったのは、カムチャツカでもアルタイでもなかった。そこは、あまりにも存在感のない場所だった。住んでいる人には失礼だけど、世界地図から消えてなくなっても気付かれないような、非常階段の踊り場のようなエリアだった。

「こんなところに、山があったんだ…」その土地の名は「コラ半島」。国境線が引いていない地図だったら、ここはフィンランドだと思う人がほとんどだろう。スカンジナビア半島の一部によう見えるが、そこから派生した独立した半島で、ロシアの北西端に位置する最果ての地だ。州都のムルマンスクは北緯69度と完全な北極圏にあり、半島全体が凍てついた大地だ。氷河に削られた湖が無数に点在し、見渡す限りのタイガの海に、山々の島のように浮かぶヒビヌイ山脈という雪山があるらしい。調べれば調べるほど、この半島が単に寒くて雪山がある場所ではないことがわかってきた。学術調査で掘られたという、人類が掘った最も深い穴「コラ半島超深度採掘坑（12,262m）」。12,000mに到達したとき、空洞に到達し、そこから何百人もの人間の叫び声が聞

こえてきて、「地獄の扉に穴を開けてしまった！」と研究員達は怯えて逃げ出した。研究チームは解体して、現在、この穴は厚い鉄の蓋で塞がれているという。これだけではない。コラ半島にはエジプトの2倍は古いピラミッドが複数発見されたとのこと。どれも都市伝説に近い話かもしれないが、怪しさが増すほどに旅のワクワク感も増幅してくるものだ。謎めいたものに惹きつけられるのは、人間の本能なのだろうか…？ こうして、旅先が確定した。

ロシア南東端のサハリンとロシア北西端のコラ半島。直線距離にして6,000km。これは、東京とハワイを結んだ距離にほぼ等しく、とても同じ国とは思えない距離だ。この両極を旅してロシア全部を滑ったとは全く思わないけど、地理的にも文化的にも両極にある2つのエリアの違いに触れるのは、かなり面白そうだ。
「よ〜し、今年もいくか〜！」
自称「違いがわかるスキーヤー」の食指がムズムズくすぐられるのを感じていた。

出発への壁

早速旅の準備に取り掛かったが、毎度毎度のことで、旅先が決まったのが出発の1ヶ月半前という直前。ロシアは事前にビザの申請が必要とのことで、今まで行った国と比べて色々と時間がかかるのだ。しかし、圭のパスポート期限が不足していて更新しなければならないことが発覚し、逆算して考えると、出発前にビザを取得するには時期的にギリギリだということが判明した。ロシアの場合、バウチャーシステムという厄介な制度があり、あらかじめ宿泊先や移動の手配をして旅行社に証明書を発行してもらわなければ、ビザを取得できないという情報があった。とあるロシア専門旅行社に相談しに行くと、「バウチャーを取らないで自由旅行ってできますか？」という質問に対し、担当の若い女性は鼻で笑って言った。「相当ロシア語が堪能ではない限り不可能ですね。なぜって、ロシアですから」。なんだかメンドクサクなってきた。このへんの手続きをシンプルにして、なんとか自由旅行することはできないだろうか？　色々ネットで調べてみると、バウチャーがなくてもビザを申請できるサイトを発見した。旅行社の担当者も「地球の歩き方」もこぞって「バウチャーがなきゃロシアは無理！」と断言しているのに、このサイトでは「そんなの不要」と言っている。ちょっと不安になってサイト運営者に電話してみると、滑舌の悪いオジさんが眠そうな声で「ああ、大丈夫ですよ〜」と言っていた。本当に大丈夫かよ…。しかし、今から旅行社で宿泊先や交通手段を手配してもらい、証明書を発行してもらって…というのは、時間的に間に合わない。もう自分たちに都合が良いように捉えるしかない！　こうして、出発直前にビザが添付されたパスポートが手元に帰ってきた。何度見返しても、なんだか不安だ…。

今まで100回以上新千歳空港を利用している俺だけど、国際線

ターミナルを使うのは初めてだった。いずれソウルや台北、もしくはホノルルなどに家族旅行でも行くときに使えたらな〜とは思っていたけど、まさかロシアに行くときに使うとは思ってもみなかった。毎度苦労しているチェックインも、荷物のことを一言も言われず、身軽な国内旅行のチェックインのようにあっさり終了した。すぐそばにある銀行で外貨の両替を済ませ、隣のカフェで出発の乾杯。所要時間にして30分。移動半径50m以内。あまりにも手軽すぎて海外に行くムードが全くない。俺たちは閑散としたイミグレーションを通過し、地上をてくてく歩いて貧相な小型プロペラ機に乗り込んだ。

「なんか利尻島に行くみたいなんだけど」圭が笑って言った。乗客も少なく、そのほとんどがロシア人。日本人かと思った人のほとんどは韓国系のロシア人で、唯一いた日本人はビジネスマンのグループだった。

プロペラ機ならではの轟音を響かせながら、小さな機体はやる気がなさそうにフラフラと飛び立った。出発時刻が16：45でフライト時間がわずか1時間30分。しかし、サハリンは札幌と同じ経度にありながら2時間も時差があり、到着時刻が20時くらいになってしまう。ユジノサハリンスクの空港は外貨両替所がないくらい小さな空港らしいので、街の中心にあるホテルまで移動するための手段が確保できるか一抹の不安があった。今更だけど、一応買っておいたロシア旅行のガイドブックを開いてみた。ガイドブックの巻末にロシアのバウチャーシステムについて詳しく書いたページがあり、俺としたことが迂闊にも読んでしまった。そこには「自由旅行は一切できない」と断定した記載があり、トラブルの事例なども具体的に書かれていた。

「…もしかして、入国すらできないかも？」ワクワクソワソワして

いる圭の隣で、俺は急激な不安に襲われていた。入国さえしちゃえば何とかなりそうだけど、強制送還なんてなったら流石の俺たちでも笑えない。こんなことなら、やっぱり旅行会社で手配するべきだったか…。それにしても、思ったより到着が遅れていないか？　天候が悪いんだろうか？　窓を開けて外を眺めてみる。すっかり日が暮れてはいたけれど、天候は悪いどころかかなり良好で、サハリンの大地を上空から望むことができた。田畑が広がり、その向こうに街の明かりが見えた。北海道とよく似た景色だ。街の明かりは思ったより多く、その奥にはナイター照明の灯ったスキー場も確認することができた。

「おお！　圭くん、スキー場も見えたよ！」
さっきまでの不安が一瞬飛んでいき、興奮した俺と圭は窓に額を擦り付けながら、写真を撮りまくっていた。飛行機が着陸すると、日本人の地上係員が機内に乗り込んできた。現地にも日本人係員がいることがわかって少しホッとしたけど、さぁ、これからが戦いだ。過去に行った3度のロシア遠征では、旅行社に手配全般をお願いし、さらには通訳やガイドが同行していたにも関わらず、行く先々でトラブルの連発だった。果たして俺たちだけで上手く入国を済ませ、難易度が高いと言われる交通もクリアして、さらにはバウチャーなしでホテルに宿泊できるのだろうか。飛行機を降りようと立ち上がろうとすると、近くにいるロシア人に「まだだよ」と制止された。どうしたことか、乗客全員が困った顔をしている。しばらく待っていると、係員が荷物を置いて飛行機を降りるよう指示してきた。何だ？　何が起きているんだ？　事故？　まさか着陸してるのにハイジャックされたとか？　緊張感と不安が胸に広がっていく。そんな俺たちを見て、綺麗なロシア人女性が「落ち着いて」と声をかけてくれた。しばらく

待ったあと、貴重品だけを持って飛行機から降りるよう指示された。なんかえらいことが起きそうな予感が全開だ。飛行機を降りる際、日本人の男性係員に尋ねてみた。

「バウチャーがなくても入国できますか？」すると、係員の兄さんはしばらく「？？？」という顔をしてから、「ビザは切っていないから大丈夫ですよ」と言った。この回答に俺たちも「？？？」となった。何のことを言っているのだろうか。きっと何かのトラブルがあって、スタッフも相当テンパっているのだろう。飛行機を降りて地上に降り立ち、「ここがサハリンか…」と実感に浸っていると、隣で圭が引き攣った笑顔で言った。

「タケちゃん…、ここ千歳…」
「？？？」
周りをゆっくりと見渡す。一体何が起きたというのだろうか。至極簡単なことだった。飛行機はユジノサハリンスク上空を旋回しながら着陸を試みたが、視界不良によりやむなく引き返してきたのだ。おいおい、あんなにコーフンしながら撮りまくった写真は、札幌の夜景だったってこと？　さらには、「あそこがスキー場だ！」と喜んでいたのは、フッズスキー場だった。我ながらマヌケすぎる！　普通の国際線ならば、天候不良の場合は海外の他空港に着陸するはずだ。出国したのにもかかわらず、また同じ空港に帰ってくるなんてありうるの？　こうして俺たちは千歳市街の冴えないビジネスホテルにチェックインしたのだった。気持ち悪いくらい順調に出国したかと思ったら、なんたるしっぺ返し！　ただでさえ旅程に余裕ががないっていうのに…。色々旅してきたけど、旅自体が始まらないのは初めての経験だ。

ブロンドの女神

翌朝、飛行機の上から、海全体に広がる流氷を眺めていた。何と広大な地球なのだろうか。俺の存在は大海原に浮かぶ一番小さな流氷よりも小さく、その流氷から海にドボンと落ちようものなら、瞬く間に命を落とすだろう。そんな儚い命がこうして生きながらえて、世界中をスキートリップできている奇跡を只々「ありがたい」と思うしかなかった。

「結果オーライじゃない？」と圭が言った。本来のフライトが20時着だったので、着いてからの交通機関を心配していたけど、今回は昼前に到着するから少し余裕がある。やがて、うっすらと雪をまとった細長い岬が見えてきた。優美な曲線を描く海岸線のほとんどには道がなく、時折見える建造物が、今も使われている建物かどうかもわからないくらい古びているのが上空からでも見て取れた。浅瀬に打ち上げられ、そのまま放置された幾多の難破船。ロシアに来た実感が、不安と共にじわじわと湧いてきた。

「ま、まじでか…」俺と圭はあまりの驚きに目が点になっていた。旅行社で脅され、「地球の歩き方」に脅され、縮み上がりながら入国審査を受けたわけだが、カナダやアメリカの入国より、よっぽどスムーズじゃんか?! 巷で流れている情報は一体何だったんだ？ それでもまだ安心はできない。23年前の初ロシアのとき、海外旅行者は常にKGBの監視下に置かれているという噂を耳にしていたので、ついつい周囲が気になってキョロキョロしていた。

海外の空港に到着してから最初に空港の外に出るとき、いつもちょっとした決心が必要になる。セキュリティや空港警備員に守られた構内から外に出るのは、母親のお腹から産まれる赤ん坊のようなものなのだ。しかし、ユジノサハリンスクの空港はとても小さく、俺達は心の準備ができていないまま外に吐き出されてしまった。すると、早速いつものパターンでタクシーの客引きが近寄って来た。ネットでは再三注意を喚起していたが、昨年インドでえげつない客引きを経験している俺達には、ロシアの客引きがシャイに見えてしまうから面白い。バス停の前で、「さ〜て、言葉は通じないし、文字は読めないし、これから頑張らないとね〜」と話していると、さっきまで同じ飛行機に乗っていたロシア人女性（ブロンド）が声をかけてくれた。

「どこに行きたいの？」
「ホテル・モネロンだけど…」
「あら、奇遇ね！ 私も同じホテルよ！ 一緒に行きましょう」

35歳くらいのブロンド美女の名はアルザナといい、サハリンではオイル関係の船でウェイトレスをしており、17連勤、17連休という勤務体系を利用して、ときどき北海道に遊びにいくのだという。

「北海道に行ったときは、いつもたくさんの日本人に助けてもらっているわ。今度は私の番よ。任せて」

こうして、彼女がバスの時刻を調べてくれて、なんと俺達のバス代まで支払ってくれた（固辞したのだが）。さらには、ホテルのチェックインを手伝ってくれ、スキー場に行くバス停まで案内してくれ、安くて美味しいレストランも紹介してくれた。俺は「ありがたい」と思いながらも、狐につままれたような心境だった。過去3回のロシア訪問でロシア人に抱いていた印象はあまり良くなかったからだ。もしかして彼女がKGBの遣いとか？ そんなまさか…。

「何かあったら私のフェイスブックからメッセージちょうだい。必ず手助けしてあげるから」

金髪に黒い帽子をかぶり、黒いコートをまとったアルザナと圭くんが一緒に歩いている姿を見ていると、銀河鉄道９９９に出てくるメーテルと鉄郎に見えてきた。そういえば９９９に影響を与えている「銀河鉄道の夜」は宮沢賢治がサハリンの栄浜へ旅したときに構想が浮かんだのだという。栄浜行き列車の始発駅はホルムスク（真岡）といい、アルザナが住んでいる街でもある。もしかして９９９の作者である松本零士もロシアに取材にきて、アルザナのような人に出会ったのだろうか。

全て済んで、彼女も自分自身のチェックインをすると思いきや、「私はこれで行くわ」と笑顔で言った。なんと、今日中にバスで１時間半ほど離れたホルムスクにある自宅に帰るのだという。「え？ このホテルに宿泊じゃなかったの？」なんてこった！彼女は俺達を助けるために「同じホテルよ」と言って、わざわざ着いてきてくれて、１時間以上も世話を焼いてくれたのだ。人生においてベスト３に入るであろう親切な人との出会いがこのタイミングで訪れた幸運が、まさに「神様からのギフト」としか思えなかった。俺達は「これで旅が終わっても良いかも！」と思えるくらい感激し、彼女の後ろ姿を見送ったあと、しばらく放心状態でその場に立ち尽くしていた。

ホテルの客室には冷蔵庫、瞬間湯沸し器があり、シャワーも熱くて部屋も暖かかった。15年ほど前に訪れたロシアは北クリルのパラムシル島を思い出した。島の人々は廃屋のような木小屋に身を寄せあうようにして住み、港などの公共の施設は、戦前に日本が建設したものをそのまま使用していた。そこはまるで遠く昔から存在を忘れられたような場所だった。

そんなロシアを見ていただけに同じ州に属するサハリンも同様なのだろうと覚悟していたのだが、思いのほか快適で、逆に戸惑ってしまった。近年、サハリンに膨大な量の原油が埋蔵されていることがわかり、サハリンプロジェクトという開発が始まった。これにより多くの外国企業が進出してきて、サハリンは一気に発展してきたのだという。ユジノサハリンスク郊外には大型ショッピングモールやスポーツクラブなども充実し、今まで行ったアジア圏とは違うヨーロッパ的な文化を感じる。ここは、日本から一番近いヨーロッパなのだ。しかし、道ゆく車の９割以上は日本車で、下手したら日本より日本車率が高いくらいだし、里山の植生や気候なども道北そのものだ。

日本に似ていて全く似ていない場所。
それがサハリンの第一印象になった。

山の空気

翌日、俺と圭は、埃っぽいユジノサハリンスクの街中をスキー用具を背負ってバス停に向かっていた。サハリンも春とあってかスキーの格好をしている人をほとんど見かけないけど、街中をスキーの格好で歩いている人がいる風景は、こっちの人にとってごくごく自然な風景のようだ。本当は、今回の旅でもレンタカーを使いたかった。気紛れな旅を信条とする俺達にとって、思うままに寄り道ができるレンタカーこそが最も適した交通手段なのだ。しかし、世界には「レンタカーは絶対にやめておいたほうが良い」と言われる国があり、ロシアも中国やインドに並んで真っ先に挙げられる国の一つなのだ。それでもわずかな可能性を信じて、いろいろ調べてみたけど、「サハリン」「レンタカー」と検索しても何一つ情報が出てこない。仕方ないから「ロシア」「レンタカー」と検索してみると、ロシアは「車を借りる手続きが難しい」「警官によるたかりが多い」「事故などのトラブルが多い」の三重苦らしく、現地に住んでいる日本人が口を揃えて「絶対やめたほうが良い！」と警告しているほどだった。

昨日アルザナに教えてもらったバス停で待つこと2～3分。スキー場方面に向かうバスに乗り込んだ。料金は前払いでどこまで乗っても40円と格安だ。バスの中でもロシア人は寡黙で、アメリカのガヤガヤしたバスとは大違い。バスの車内も窓の外も、全てはロシアのキリル文字表記なので、意味はもちろん読むことさえできず、どこでバスを降りるべきかわからなくてソワソワしていた。すると、近くにいたオバさんが、俺達の恰好を見て、「スキー場なら次よ（多分そんなことを言っていたと思う）」とゼスチュアを混ぜて教えてくれた。表情は全く崩さないけど、実は結構親切な人が多いのかもしれない。

バスに乗って10分もかからずに、スキー場最寄りのバス停に到着した。バス停の目の前は勝利広場と呼ばれ、金ピカに光った趣味の悪いお城のレプリカが建っており、奥にはスポーツ競技場、屋内プール施設があり、その背景にある山がまるまるスキー場のようだ。「え？　もしかして、そこがゴンドラ乗り場？」札幌市民だから街の近くにある藻岩山スキー場や天狗山スキー場をよく知っている。都市とスキー場の近さにおいて、北海道に勝る場所はないだろうと思っていたのだ。しかし、このスキー場は、街から近いというレベルではなかった。まさに、街の中にスキー場があると言っていい。バスを降りた場所は非常に賑わった街中で、そこからちょっと歩いたところにゴンドラ乗り場があるのだ。スキー場は拡張工事中らしく、スキーセンター的なものを新設している最中だった。よく見ると、廃墟のような古い住居が建ち並ぶエリアの真上に新しいゴンドラが掛かっていて、その新旧の不釣り合いさが際立っている。近年の好景気で一気に設備投資が進み、町民スキー場的なスキー場の設備だけがリゾート化したのだろう。リフト1日券が日本円で2,400円と安いわりに、電子チケットを採用していたり、スキー場の規模も比較的大きく、日本のサッポロテイネくらいの規模だ。

「地球を滑る旅」で今まで訪れたスキー場のどれもが、かなりアナログ感満載なスキー場ばかりだった（モロッコのオカイムデンなんか、シャトルバスがわりにロバだった）だけに、逆に拍子抜けしてしまう自分がいた。韓国人が多いので、俺達の存在は特に目立つこともなく、全くやる気が感じられないリフト係員を横目にすんなりとゴンドラに乗り込んだ。ゴンドラと6人乗りリフトが交互に架かっている最新のもので、日本にあるどのスキー場のものよりも立派だ。これもオイルマネーってやつの力か？

中間駅が事実上のスキー場ベースとなっており、スキー場に向かって右側の急斜面を使って、ジュニアアルペンのスキー競技会が開催されていた。モロッコやカシミールはお客さんの9割以上が初心者だったので、プロスキーヤーの俺は自ずと注目の的になったわけだが、ここではみんな上手いから気楽だ。いくら僻地とはいえ、ロシアはスキーが盛んな国の一つ。モロッコと比較したら失礼だ。子供が多く、たくさんの地元クラブが利用するスキー場は、大いに賑わっていた。

昨日からの降雪で、山全体にうっすらと10cmほどの新雪が積もっていた。俺と圭は「結構良さそうじゃない？」と目を輝かせながら、早速、コース脇のオフピステに滑り込んで行った。

「か、かてーーー！」

スプリットのパウダー用ボードの圭がアイスバーンに悶絶するのは、この旅の恒例行事になってきた。表面はパウダーだけど、底地はコンクリートのように固く締まったアイスバーンだった。俺達は、少しでも軟らかい雪を求めて樹林帯に逃げ込んでいった。

「お！　うお！　いてて！　…うっ！　…あ、あぶねぇ！」

ノンストップで滑ることが信条の俺が、思わず滑りを止めてしまった。

「おいおい…、なんだこの森は…」

俺は子供の頃からテイネの里山で子供しか入っていけないような密林で探検スキーをしていたので、ツリーランにはかなりの自信を持っているのだが、ここのツリーランは世界屈指の難易度と言っても過言ではなかった。植林の雑木林には、まだ発育していない幼木が多く、その枝がちょうど人間の背丈に広がっているから、ウェアに引っかかったり、顔をひっかいたりする。さらには、いたるところに倒木や間伐した枝などを積み上げている

山が雪の中に潜んでいて、怪我する気配1000％だ。
「さ、さすがはサハリンだ！」
スキー場の設備が思いのほか立派過ぎただけに、この最悪（最高）なツリーランに出会えたことが変に嬉しかった。様々な旅を経験して、俺達はどんどん図太くなっている気がする。
このスキー場は「山の空気」と呼ばれている場所で、スキー客はもちろん、展望を楽しんだり、山頂のレストランに食事をしにくる人も多く訪れる市民憩いの場所になっている。日本の場合、スキーやスノーボードをしない人がスキー場を訪れることは少ない。冬になると積雪のため人々が集える場所が少ない雪国の中で、スキー場はとても価値がある場所だと思うのだが…。実際、現状ではスキーをしない人が来ても楽しめない部分もある。今日はまだ滑走初日だし、さらっと偵察程度にしておこう。スキー場の北面に営業していないエリアがあり、そこがノートラックなのを確認してある。明日が今から楽しみだ。
ホテルに帰る途中、気付いたのは運転マナーの良さだった。インドやネパールに比べること自体が間違っているかもしれないけど、クラクションは鳴り響いてないし、横断歩道では100％停車してくれるのだ。ブンブン爆音を響かせて走っている暴走族のような若者の車ですら、横断歩道の前で「キキッ！」とタイヤを鳴らして停車しているのを見て、思わず笑ってしまった。モロッコやレバノンで無法地帯のような路上をカーチェイスさながらに走る運転マナーの中、手に汗と冷や汗で運転して来た俺は、「なんでこんなときに限ってレンタカーじゃないんだ？」と思わず呟いてしまった。

早朝のスキー場は、お客さんがまだまばらで、ほとんどのコースが貸切状態だった。
「コースのコンディションが良いうちに、何本かグルーミングで遊ぼうか」
と圭が言った。望むところだ。スキー場の中央に堂々と広がるメインコースは、ゆったりとねじれ、ゆったりとウェーブし、山の中腹へと流れ込んでいる。「山の空気」を肺いっぱいに吸い込むと、コーデュロイを撫でる小気味好い感触を楽しみながらスピードを上げていく。それにしても、なんという街の近さなのだろうか。まるでユジノサハリンスク市街の上空に放り出されたような錯覚をおぼえる。斜度は程よく、雪は引き締まっているがちゃんとエッジグリップしてくれる。
俺は、ターンの遠心力と頬をなでる風を楽しみながら、このサハリンという土地をイメージしていた。もともとこのスキー場を作ったのは、旧日本軍だったという。その頃のスキー場はどんなだったろうか。そのときの暮らしはどんなだったろうか。スキーを楽しんでいた民にも、悲劇は訪れてたのだろう。1945年に第2次世界大戦に敗北して間もなく、ロシアは日本との不可侵協定を一方的に破棄して、この地に攻め込んできた。当時のユジノサハリンスクには日本軍の精鋭部隊が駐在しており、多勢に無勢ながらも戦況は優位だった。しかし、終戦によってやむなく降伏し、南サハリンを明け渡すこととなる…。その後、捕虜となり強制労働者として連れて行かれた人々、現地で殺された人々、故郷の全てを放棄して海を渡った人々の無念は想像を絶する。この地には、重い歴史が渦巻いている。
今回もスキーは俺が来るべき場所に連れてきてくれた。スキーを履くといつも思う。一緒にスキーを滑るとき、世界のどこの国の人であろうと、どんな宗教であろうと関係ない。スキーを滑るという自由、スキーを滑られる平和、スキーを滑る楽しさ。結局、一度滑り始めれば頭の中が全て空っぽになるくらい気持ちの良いスキーに理屈は似合わない。
「さ〜て、そろそろ行ってみようか！」
俺達は、朝からずっと気になっていたとっておきの北斜面に脚を伸ばした。
「すげぇ…。当てちゃたね、俺達…」
なぜこんな雪の条件が良い北斜面を解放しないのだろうか。極上パウダーが20cmくらい降り積もった2コースがノートラックのメンツル状態で広がっていた。このスキー場の中でも、とりわけ滑りごたえのある斜度のコースは、天然地形で程よくうねり、見えない谷底へと続いていた。世界の見知らぬスキー場で最高のコンディションに出会ったとき、俺はしばしば「これは夢なんじゃないか？」と思うことがある。あんまり興奮すると夢から覚めてしまいそうで、ついつい囁くような話し方になってしまう。そんな儚い一瞬がこれから繰り広げられようとしていた。
圭がカメラ位置に降りて行き、俺は圭の合図を待った。風もなく、人もいなく、どこまでも静かな時間だ。「地球を滑る旅」での、この1対1の感覚は、何にも変えられない贅沢だ。一人のスキーヤーとして、シンプルに滑り、何を感じるか。そして、何を表現できるのか。それは、エクスペディションとは違うタイプの新たな挑戦だった。
ポールで強くひと漕ぎすると、スキーは音もなく滑り始め、雪の微粒子を巻き上げながら加速していく。北海道に近いだけあって、少し似た雪質のような気がする。標高が低く、気温も高めなのに、なぜか雪質は完璧にキープされていて、想像以上のクオリティに全身がとろけそうだ。緩やかにうねったコース脇のバンクに当て込み、群青の空を背にリズミカルなショートターンを刻み、様々な地形を使ってジャンプをして、自分のイマジネーション全てを使って斜面と対峙する。こんなに雪質が良いというのに、登り返しがあるというだけで誰一人滑り込んで来る気配がない。この分だとサハリンにバックカントリースキーの文化が浸透するのは、遥か先のことだろう。
極上の斜面を滑ったことで満足するどころか滑走欲に火がついてしまった。俺達は、山頂のゲレ食で温かいボルシチと肉料理を食べて体力を回復した後、夕景を狙ってコースから離れたところにあるハゲ山に向かった。しかし、ちょうど良い光で滑り込むことができず、ちょっと後味が悪かったので、そのままさらに粘ってナイタースキーをすることにした。日没が20:30でスキー場営業終了が21:00。ナイター営業と言っても、この時期は日が長いので、ナイター照明が灯ってまもなくスキー場営業が終わってしまうのだ。日本に比べてかなり光が弱いナイター照明の中を滑っているのは、主に地元の子供達だった。
ここはロシアの中でも存在感のない離島であり、わざわざスキーをしに来る人など、ほとんどいないかもしれない。それでも、ここでしかできないスキーが確実にある。日中は安っぽく感じられたお城のレプリカは、夜になってライトアップされると街のランドマークとなり、夜景全体をより美しく演出して見せていた。俺と圭はずっしりとした疲労感と同時にやりきった満足感を全身で感じながら、ナイター照明にきらめくスキーコースを滑りきり、薄暗い公園を滑り抜け、そのまま街角にあるバス停へと滑り降りて行った。

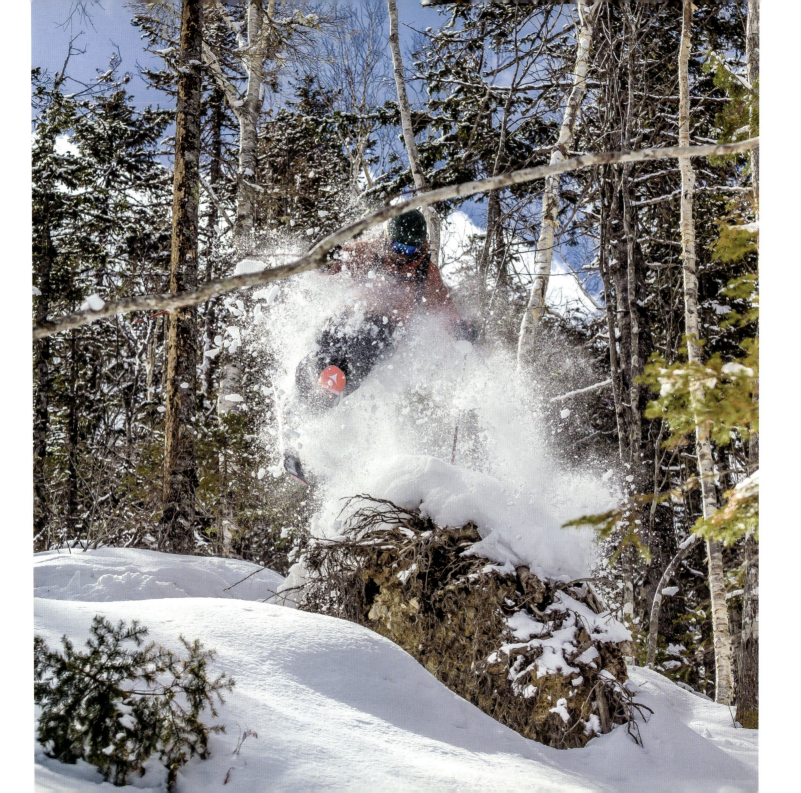

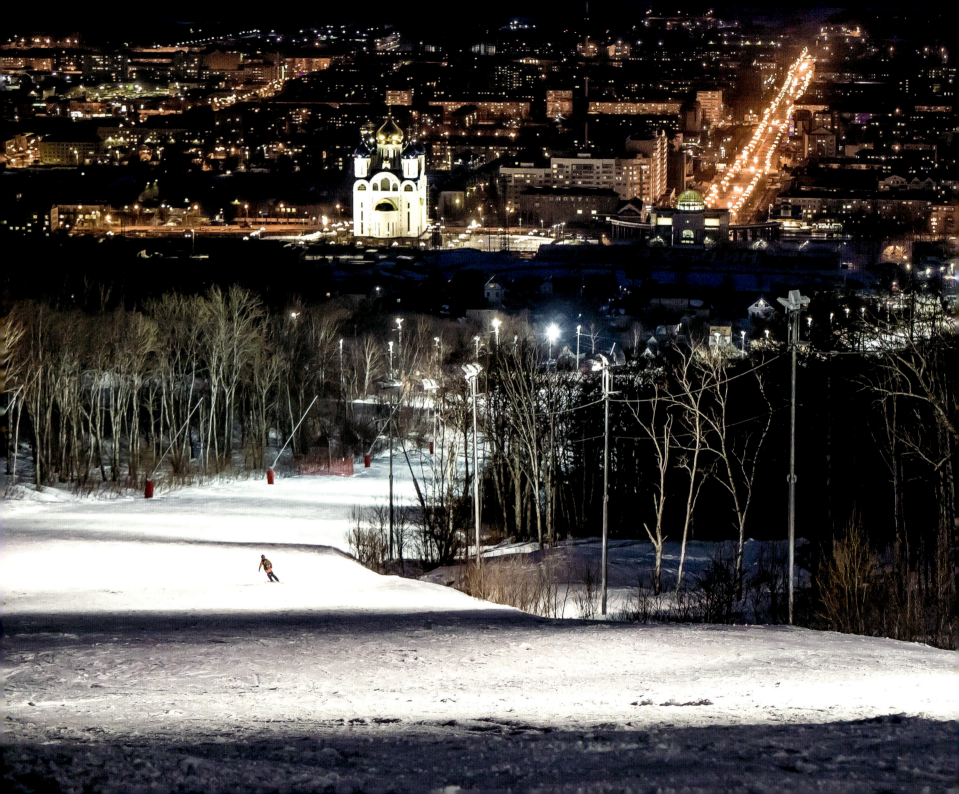

近くて遠い島

いつでも思い立ったときにスキーに行けるという最も幸せな時間を、まさかのサハリンで過ごしながら、俺達は隙さえあればユジノサハリンスク市内から郊外まで、色々と動き回った。地球を滑る旅には欠かせない旅の部分。様々な人、食、風景、文化との出会いが、スキーをより豊かに彩ってくれるのだ。だからこそ、この旅が大好きだった。街を歩いていて気付くことは色々あるけれど、特に目立つのは異常なまでの車の汚さだ。過去5年で2回しか洗車していない俺の車の10倍は汚い。日本の場合は舗装道路がほとんどだし、道路公団などが頻繁に道路清掃を行なっているので、山奥の林道を攻めない限りは、そこまで車がドロドロになることはない。逆に、激しく雨が降ると車が綺麗になることがあるくらいだ。サハリンの場合、幹線道路こそ舗装だけど、一歩郊外に出れば未舗装道路が当たり前で、ときには川や沼を超えなければ行けない場所もあるのだ。なので、ランクルのような四駆が異常に多く、中にはシュノーケルがついた車も珍しくない。夏場になると、オフロードバイクをフェリーに積んでサハリンに渡ってくる日本人も多いのも納得といった感じだ。ユジノサハリンスクの街を散歩していると、「サハリンサッポロ」というホテルがあったり、街のあちこちに日本領時代の遺構が残っているので、やっぱり北海道が近いんだよな～と思わせる部分が多い割に、全くもって日本人を見かけないのを不思議に思い、英語が喋れるロシア人に尋ねてみた。
「今は冬だから観光客は少ないかもしれないけど、夏はやっぱりたくさんの日本人が訪れるんだよね？」
「全然来ないわよ。ビジネスで来る人だけ」
そういえば、今はまさに卒業旅行のラッシュ時期だ。女子に人気のモロッコはもちろん、インドでもたくさんの日本人の若者を目にした。卒業旅行の若者にとって、どんなに近くともサハリンは選択肢に上がらないようだ。まぁ、当たり前か…。日本人にとってのサハリン島は、遥か北の果てにある島だという認識で間違いない。しかし、よく考えてみれば、ロシアの中では南の島なのだ。国土のほとんどがサハリンよりも厳しい自然環境にあるロシアという国を思うと、何と逞しい人々なのだろうかと思ってしまう。しかし、ロシア男性の平均寿命は驚くほど低く、なんと64歳という若さなのだ。これは、日本人男性の平均寿命の80歳に対して、16歳も若いことになる。生きていくには、いろいろとストレスが多い国ということなのだろうか…。

今回はレンタカーのない旅だから、なかなか郊外に出る機会がなかったけど、もっと飾り気のないサハリンが見たくて、バスでサハリン南端のコルサコフという町に向かった。コルサコフには、夏季限定で稚内との間にフェリーが就航しており、片道4時間半、16,000円ポッキリで渡ることができる。島国日本に育った俺は「外国っちゅーのは遠いもんだ」と思ってきたけど、なんという近さだろうか。「なんで今まで来なかったんだ？」という感じだけど、もし過去に来たことがあったならばこの旅はなかった訳で、全ては必然だったと思えてくる。サハリン郊外でも、大型トラックなどが頻繁に行き来するユジノーコルサコフ間の国道は、比較的舗装が良いらしい。それなりに距離があるので時間がかかると思っていたけど、バスはハイウェイでもないのに平均120kmでぶっ飛ばすので、あっという間に着いてしまった。地形的にも平坦だし、信号もないし、まるで釧路や別海の田舎のようだった。サハリンは広い（長い）わりに街がところどころにしかないので、「ちょっと隣街まで」という距離感が麻痺する。ふらっと来た隣町コルサコフまでの距離が43km。これは、東京駅から神奈川県の逗子までの直線距離に等しい。

コルサコフに着いて、さっそく向かったのは地元の人々が集う市場

だった。日本系か朝鮮系かわからないけど、漁師風のアジア人が露店で海産物を売っていた。うに、ホタテ、えび、タラ、カレイなどが少しずつ並んでいるだけの活気のない市場だ。歯が全部金歯の漁師は、日焼けした皺くちゃの笑顔で俺達を引き止め、「うまいぞ。食ってみな」と魚の干物を分けてくれた。これが美味いのなんのって！ 特に魚卵が濃厚で絶品だ。そういえば、日本では魚卵や魚の内臓の干物って売ってないよな？ こんなに美味いのに売ってないってことは、衛生面などで理由があるんだろうか？ 美味い干物をしゃぶりながら、日本の名もなき遺構だらけの街をぶらぶら歩いて行くと、圭の背後を野良犬が追いかけて来て、物凄い勢いで吠え立ててきた。インドの犬は狂犬病が危ないと言われたけど、のんきに寝ているだけなので平気だった。それに比べ、ロシアの犬はかなり獰猛だ。それにしても、圭はどこに行っても野良犬に絡まれる。吠えられる原因は漁師からもらった魚だったようで、それを手放すと満足して帰って行った。「犬だって吠える理由があるんだ。こっちが何もしなけりゃ大丈夫でしょ〜」と余裕をかましていたら、地元の子供達は犬の近くを通るとき、デカい石を持って超警戒してるし！ あとで知ったのだが、コルサコフでは日本人観光客が犬に噛まれる事件が頻発しているらしい。こっちの犬は狂犬病の疑いが多く、もし噛まれたら即病院行きだった（危なかった…）。コルサコフの港から遠く日本に続く海峡を眺めたいと思っていたけど、セキュリティが厳重で港に近づくことさえできなかった。この寂れた港町が日本との玄関口になっていることに、どうしても現実味を感じることができなかった。それでも、近くの日本を感じたくて、市場で出会った日本人っぽい雰囲気の青年に話しかけてみた。
「俺達北海道の札幌から来たんだ」

「は？ それどこ？」それは、意外のようで予想していた回答だった。今もなお、サハリンは近くて遠い異国の地なのだ。コルサコフからユジノサハリンスクに帰ってきた時刻が17:30。重たい雲が垂れ込んでいた空が、今は嘘のようにすっきりと晴れ渡っていた。こんなとき「あ〜、いま山にいたら良かったのにな〜」と思うのが札幌。ユジノサハリンスクは違う。17:30にホテルを出て、18:00には滑り始めることができるのだ。おまけに日没が20:30と来たもんだ。俺と圭は「山の空気」に別れを告げに、スキーを担いで山に向かった。今までの「地球を滑る旅」では、1〜2日滑ったら次のスキーエリアに移動という、せわしない旅が多かった。常に新しい刺激を求めるのが当然旅の良い部分だけど、何度も通わなければ見えてこない部分もあるのだ。いつも「地球を滑る旅」の終盤は、「もう来れないかもしれない」とセンチな気分になるけど、今回はそのような感傷に浸ることはなかった。俺にとって未知だったサハリンのスキー場は、札幌から本州のスキー場よりも近くて安く行ける場所に変わっていた。ビザさえ必要なければ、ちょっと週末サハリンで…なんてなるんだろうな。一方、日本人としてもそうだけど、スキーヤーとしても気になるのが北方領土の行方だ。サハリンと北方領土は同州にあり、ユジノサハリンスクの空港から定期便も飛んでいるので色々想像してしまった。北方領土には、国後島の爺爺岳や択捉島の散布山など、グローバルに眺めても超絶魅力的な雪山が存在しているのだ。当然だけど、自然に国境はないし、自然に戦争はない。そして、自然は到底人間ごときが所有できるものではない。俺が生きている間に、返還されないにしても滑りに行きたい…。そう思うことは不謹慎なことだろうか。

謎に包まれた半島

サハリンから滑り込みで参加した次男坊の入学式は滞りなく行なわれた。ワイルド保育園の卒園式は、子供達が困難な課題に取り組み、それを披露する感動的な卒園式だった。一方、小学校の入学式はアニメソングで入退場。あどけない我が子を見て「かわいい〜」と微笑む会だった。ワイルド保育園に子供を入れたときは、カルチャーショックを受けたものだが、慣れてしまえば、一般的な小学校に逆カルチャーショックを受けてしまうから困ったもんだ。まぁ、色々あっても新学期っていうのは、ワクワクに満ち溢れている。次男が今月から通い始めたサッカースクールの途中で「じゃぁそろそろロシアに行くね」と伝えると、「オッケー！」とひとこと言うと、黙々とボールを追いかけて行ってしまった。「地球を滑る旅」がスタートした6年前、次男はまだ1歳だった。お父さん子の次男は、俺が旅に出るたびにギャン泣きし、俺のTシャツを毎晩抱きしめて眠っていた。それが随分とお兄ちゃんになったもんだ。「これで大手を振って地球を旅できる！」という喜びと、寂しさとが交差していた。

今まで数えるのも面倒なくらい海外に行ったけど、帰国して4日後に再び同じ国にUターンするのは初めての経験だった。出発前日の夜、圭と成田のホテルで落ち合い、翌日、10:50出発の便に乗るべく、早めに空港に向かった。出発前の時間にかなり余裕をみるようになったのは、オヤジになった証拠だろうか。以前は毎回出発に間に合うかどうか紙一重で、「空港ランニング協会」を設立するほどだったのに…。昨年、生まれて初めて日本の航空会社による国際線を利用して、味をしめたというわけではないけど、たまたまJALがモスクワへの直行便を就航していたので、今回も素直に利用することにした。やはり、日本の「お・も・て・な・し」は最高だった。これから不可解だらけのロシアの中でもとりわけ謎の多いエリアに行くのだ。今のうちにこの笑顔

に癒されておくことにしよう。モスクワの空港はサハリンの薄暗い入国のムードとは大違いで、ヨーロッパ的な開放的な雰囲気だった。空港ロビーから外に出ると、北海道よりも大分冷たい風が骨身に沁みた。いたるところでタバコを吸う人々。紙袋に包んだビールを飲みながら歩いている人。数日前、サンクトペテルブルグで電車でのテロが発生したりして、世界情勢がざわついていた。おまけにアメリカがシリアに攻撃を行ったことで、シリアを支援しているロシアとの間で緊張感が高まるだろうと言われていた。「地球を滑る旅」は政情に大きく左右されるのだ。レバノンも、カシミールも、俺達が帰国してまもなくテロや暴動が起き、その後行くのが困難になってしまった。俺が抱いているロシアのイメージといえば、マトリョーシカとボルシチ…ではく、ウォッカとトカレフである。俺が今まで行った国で、言葉が通じないランキングを作るとすれば、ダントツNo.1なのもロシアである。いつなんとき、何があるかわからない国だ。翻弄されないよう、気を引き締めていかなければ…。俺達はモスクワの空港近くに1泊して、翌日午後の便でコラ半島を目指した。

細い針葉樹のタイガの隙間から遠くにテーブルのような山容をもつ山塊が徐々に近づいてくるのが見えた。ここは何もかもが凍りつく極寒の大地。サハリンとは全く違う北極のイメージそのものの景色に、車の中からコーフンが止まらなかった。昨年は中央アジアのインドカシミール、今年はロシア南東端のサハリンと北西端のコラ半島。なんとまあ、自分はスキーヤーとして幸せなことをしているのだろうか。空港からマイクロバスで向かうこと約30分。小さいながらも観光地らしい綺麗な街並みを持つキロフスクに到着した。バスを下車すると、除雪の行き届いていない道を全部で50kgを超える大きな荷物を引きずりながら登っていった。道はまるで氷河のように分厚い氷に包まれ、ガタボコ

でツルツル。いたるところで坂道を登りきれずにスリップしている車を見かけた。それでも、小さな街なので、それほど歩かずにスキー場から一番近いホステル、SNOW POINT HOSTELに到着した。ホステルの正面に迫る巨大な斜面を携えたスキー場は、すでに夕日に染まり始めていた。

「ここかよ…」ホステルの外観からいって、かなりレベルの低い宿泊施設なのが予想された。倉庫の扉のような鉄の扉には、BARで開催されるイベントのポスターが貼られ、とても宿泊施設の入口には見えない。8泊も宿泊を予約したのは間違いだったかも…。しかし、扉を開いた瞬間に先入観は一転した。世界の安宿を巡ってきた俺は、ロビーの空気を吸った瞬間に、その宿のレベルを図れる能力を持っている。鼻腔に感じる清潔感。暖かみのある室内。そして、言葉では言い表せない空気感の良さ…。この宿は、見かけによらず、かなり良い宿だ！　ホステルっぽくない応接間のようなレセプションに足を踏み入れると、体格の良いおばちゃんがチェックインの対応をしてくれた。まぁ、言葉の壁はあるけれど、最近はbooking.comなどのインターネット予約サイトのお陰でスムーズにことが進むようになった。宿のほうも対応が悪いとレビューに反映するし、予約サイトのほうも何かあったらサイト自体の信用を下げてしまうので、宿を精査するようになっている。サービスを提供する側にはシビアなシステムだけど、旅人にとっては便利なシステムだ。

初めて海外旅行に出た20年以上前のことを思い出した。当時の俺は英語がからっきしだったけど、「スキーが好きだという気持ちが伝われば、コミュニケーションは上手くいくはずだ！」という変な自信があり、スキーというコミュニケーションツールの力を信じて、あえて辞書もガイドブックも持たないで旅に出るという暴挙に出たのだった。ところが、スキーというコミュニケー

ションツールが全く通用しない入国審査や移動、ホテルの
チェックインなどでコテンパンにやられ、今の1万倍苦労して目
的地に辿り着いたのだった。当時はインターネットでの予約は
なかったし、英語がからっきしだから電話予約もありえないし、
さすらいの旅人なので、旅行会社も利用していないから、ヘビー
級のスキー荷物を2つ引きずりながら、安宿を一軒一軒回って
空室を探した。ひどいときは10軒くらい回って1日がかりでよう
やく宿を確保したこともあった。
今は何かあったらインターネット予約サイトに24時間対応の相
談窓口があるし、宿のWi-Fiは無料でバリバリ繋がるときもある
んだ。昔に比べてイレギュラーが少なくなった分、目的を快適に
遂行できるようになった。しかし、スムーズにスケジュールを運
ぶことが必ずしも良い旅でないことを俺は知っている。トラブル
があったときほど色々な人との出会いがあり、生涯忘れられな
いような出会いに繋がることが多いものなのだ。お金がいっぱ
いあれば、飛行機のファーストクラスで荷物の心配もせず、空港
にはリムジンが迎えにきて、そのまま5つ星ホテルに直行し、スキ
ーは全部ヘリスキーでノートラックだけを楽しんで帰ってくれ
ば良いかもしれない。貧乏人の負け惜しみではなく、貧乏旅行
の充実感を俺は愛しているのだ。
俺達は、早速近所のスーパーで買い出しをして、宿に戻って自炊
を始めた。最低限の調理器具が揃っていることがわかってホッ
とした。節約できるかどうかは、自炊できるかどうかにかかって
いるからだ。一昨年行ったアイスランドでは、急に貧乏になった
気分を味わい、去年のインドでは金持ちになった気分を味わっ
た。予算のない俺達は、いつも物価に一喜一憂しているが、今回
のロシアは日本より若干安い程度なので、気を抜いてはならな
い。キッチン＆ダイニングは、俺達と同じように長期滞在している

たくさんの若者が、料理をしたり、食事をしたりで賑わっていた。
「どこから来たんだ？」早速話しかけてきたのは、サンクトペテ
ルブルグから来ているというタトゥーの兄ちゃんだった。日本か
ら来たと告げると、「このスキーエリアのこと、どうやって知った
んだ？」と驚きを隠せない様子だ。聞けば、ここはロシアでも超
マニアックなエリアなんだとか。外国人はほとんど来ないし、ま
してや日本人なんて見たことがないという。彼らの食事は、ハー
ブを使って焼き上げたチキンと、コールスローのようなサラダ、
お米に見えたのは、蕎麦の実を炊いたものだった。「蕎麦をこん
な風に食べるんだ～」と感心していたら、「良かったら何でも食
べてくれ！」と料理が山のように盛り付けられた大皿をテーブ
ルの真ん中に差し出してくれた。タトゥーの兄ちゃんは妙にテン
ションが高いなぁと思ったら、かなり酔っ払っているようだ。も
しや…と思って辺りを見ると、ここにいるロシア人のほぼ全員が
酔っ払いだった。さすがはロシアだ。
「俺は日本好きなんだぜ！ だから好きな漢字を彫ってもらった
んだ」と言って、兄ちゃんは半袖の肩を捲った。
「この漢字、翔ぶっていう意味なんだろう？ どうだ？ かっこいい
だろ？！」肩に掘られていたのは「禄」という字だった。漢字1字
としての意味は「贈り物」だけど…。訝しげな俺の表情を見て、兄
ちゃんも何かを察して不安顔になってきた。俺は慌てて、「そう
そう、これ翔ぶっていう意味だよね、圭！」と圭に振ると、さすが
は人付き合いの達人である圭は、「う、うん！ そうだよ！」と言っ
て上手く合わせてくれた。お酒の力も手伝って、一気に打ち解け
て盛り上がっていると、同じくサンクトペテルブルグから来たと
いう50がらみの肝っ玉お姉さんが話しかけて来た。
「あなた達も一緒に飲みにいくわよ！」お姉さんはリエナといい、
同年代の男女5人で週末を使ってスキー旅行に来ていた。

「10分後に外で待ってるわ！ じゃあ後でね！」ロシア人はシャイ
だけど、酒を飲んで打ち解けたときのグイグイ感はハンパない。
「どうする？」俺と圭は顔を見合わせて相談した。今まで、このよ
うにテンポよく出会いが連続するときは、何か良いことが起こる
前兆だった気がする。「こういう誘いは乗っておいたほうが良い
でしょ！」と二人の意見は一致した。完全に酔っ払っているリエ
ナ達は、大学生みたいにワイワイ騒ぎながら、極寒の夜の街を
フラフラと歩いていく。街の中心に向かっても、営業している店
はほとんどない。暗く静まり返った大通で唯一カラフルなネオ
ンが灯っているのが目的の店のようだ。
「ここよ！」と満面の笑みを浮かべるリエナに導かれて店の中に
入ってみると、なんとそこはBAR併設のボウリング場だった。
「初対面でいきなりボウリングかよ！」ツッコミを入れたい気分
だったが、きっとこれがロシア流の遊び方なのだろう。そう納得
しながら、ゲームが始まって驚いた。全員がガーター連発のド下
手だったのだ。酔っ払いのノリで来たのかよ！ ただでさえ下手
くそなのに、1フレーム終わるたびに、全員でショットグラス
いっぱいに満たしたウォッカで乾杯するもんだから、ボウルを
隣のレーンを投げ込みそうな乱れ具合だ。
「やべ～！ 楽しい！ もう飲むしかないでしょ～！」
圭が最近見たことがないくらいはしゃいでいる。ロシアのことわ
ざに「仲間と一緒にウォッカを飲むとお互いに心と心が触れ合
い、心がウォッカの様に透明になる」というのがあるという。日
本で言う「同じ釜のメシを食った仲」か？
こうして、最低でも10杯以上はショットでウォッカを煽り、ホス
テルに帰っても飲み続け、最後は正体不明になって部屋のベッ
ドに撃沈していった。

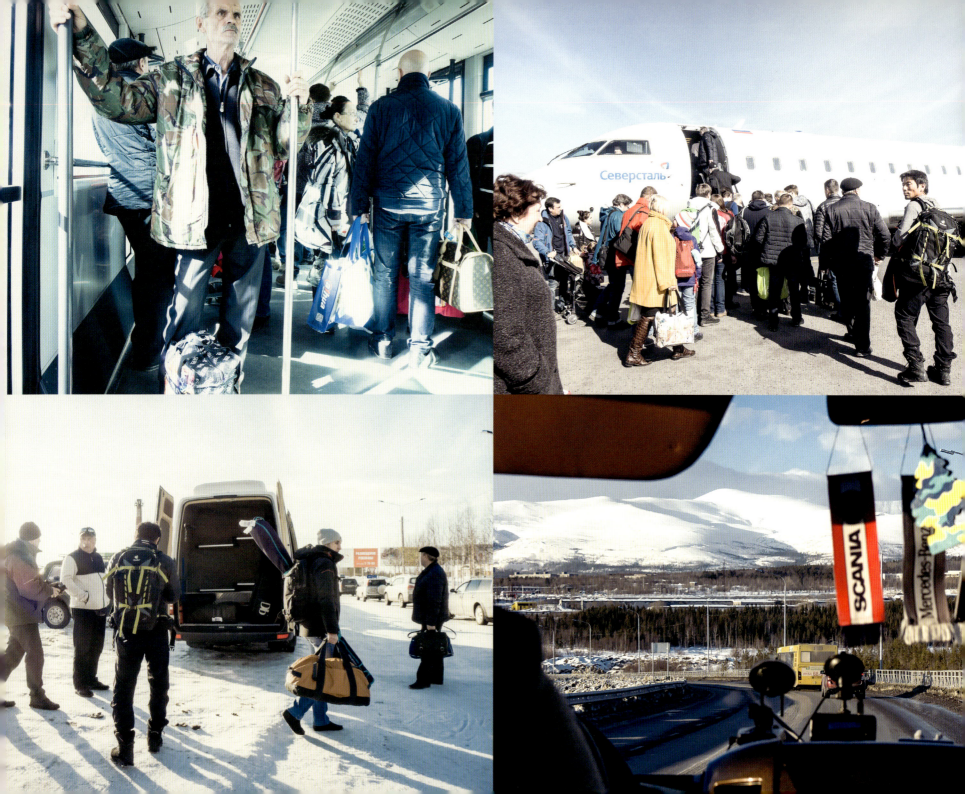

「おい！ お前達！ いつまで寝てるんだ！ 早く山に行くぞ！」
まくし立てているのは、昨日仲良くなったタトゥーの兄ちゃんだった。一体何が起きたんだ？ 昨日の記憶の断片を拾い上げる。この目が回る感じ、身体のだるさ…。そうだ、昨日はしこたまウォッカを飲んだんだった。そういえば昨日、圭がタトゥーの兄ちゃんと仲良くなった勢いで「明日一緒に滑ろうぜ！」と約束していた。ひどい二日酔いとはいえ、約束を破るのは日本人の恥だ。圭の二日酔いは俺よりもひどく、まだ泥酔の最中に近い状態だったが、カメラマンの本能だけが圭に撮影の準備をさせていた。それにしても、ロシアの人達は一度打ち解けると、おせっかいなくらい面倒見が良いところがある。ありがたいことだけど、たまに辛いときがある。一刻も早く滑りたい彼らに対し、一向にスピードが上がらない俺達。特に圭はスキー場の近くまできて、「カメラバックにパソコンが入ってた…」と言って、ホステルに置きに戻って行った。「先に行ってってもいいよ」とタトゥーの兄ちゃんに言うと、「大丈夫だよ。待っているよ」と言いながら、ソワソワしまくってるし…。彼にとっては、このスキー場の良いところに連れて行ってやることが、楽しみなんだろう。ようやく圭が戻ってくると、「具合わり〜」と連発している。聞けば、朝起きてスキー場に来るまでの記憶すらないと言う。圭にとって今日は試練の1日になりそうだ。

そんなどんよりとした体調とは対照的に、空は文句のつけようがないブルーブルースカイ。彼らには感謝しなければならない。叩き起こしてもらわなかったら、俺達は確実に夕方までベッドに沈没していただろう。

リフトの一日券が1,400ルーブル（日本円にして約2,800円）とリーズナブルなのがありがたかった。サハリンと同様にスキー場を拡張したばかりのようで、新たなベースとなるゴンドラ乗り場

の付近に、真新しいロッジとレストランが建っていた。おそらく、数年前まではTバーが2〜3本程度の、超ローカルスキー場だったのだろう。このスキー場もリフトとゴンドラが交互にかかっていて選べるタイプだった。リフトのシートがまるで車のシートのようで座り心地がよさそうだったけど、俺以外は全員スノーボードだったから、ひとまずゴンドラに乗車した。ゴンドラは一気に高度を上げ、氷結したボリショイヴドヤヴル湖とキロフスクの街が眼下に広がって来た。ゴンドラの北側には巨大なボウル状の地形があり、そのほとんどがリフトアクセスで行けるのがすぐにわかった。俺は二日酔いなのを忘れて、写真や映像を撮りまくっていた。山並みは少しアイスランドに似ているだろうか。氷河で削られて作られたであろうU字状の広い谷と、山頂部が平らな特徴ある山々。そんな絶景にすっぽりと囲まれた湖とキロフスクの街。北極の果てに、こんな素敵な街とスキー場があるとは思ってもみなかった。

俺達はタトゥーの兄ちゃんについてどんどん奥のエリアに足を伸ばして行った。上部は木1本もない広大な斜面が様々な方位に広がっていて、そこにTバーやJバーが架かっているのが見えた。リフトではなくTバーなのは、何もコスト削減のためではなく、強風でも運行できるからだ。設備を見れば、このスキー場がどのような気象条件なのかが大体わかる。それにしても、何とシンプルで美しい地形なのだろうか。なめらかで心地よい斜度の大斜面が山頂部から真っ白なテーブルクロスのように広がり、下部は例外なく優美な天然ハーフパイプとなって果てしなく続いていた。スキー場最奥のTバーを降り、タトゥー兄ちゃんを追って山頂をトラバースして行った。ところが、圭の姿が見えなくなり、待てど暮らせど上がってこない。こりゃ、多分どっかでダウンしてるな…。

「ごめん！ せっかく待ってもらったけど、圭が調子悪くて時間かかりそうなんだ。時間もったいないから先に滑ってて。後で一緒に滑ろう！」
すると、タトゥー兄ちゃんは残念そうに滑り降りて行った。彼もわざわざサンクトペテルブルグから来ているのだ。快晴で雪も上々な今日は、1分だって無駄にするのはもったいない。山頂で圭を待ちながら、恒例のローカルスキーヤーウォッチングを楽しむことにしよう。ハイクして滑ることが一般的ではないロシアで、わざわざトラバースしてノートラックを滑ろうとする人は、それなりに滑りに自信がある人のようだ。しかし、ちょっと飛ばしすぎじゃない？ 斜面が広大だから、そんなに危険ではないかもしれないけど、子供なんかこっちがヒヤヒヤするくらいの直滑降なのだ。やはり世界一広い国だけあって、その辺の感覚も超大陸的なのだろうか。ヨーロッパのスキー場が総じてそうだが、余計なロープや標識がなく、超危険なところにだけ、ささやかな標識が立っているだけだ。目を細めなくてはTバーや圧雪バーンの存在がわからず、スキー場というよりはとてつもなく広い山そのものだ。これは、パウダーが降ったらとんでもない天国だぞ！
しばらくして、圭がフラフラと上がって来た。
「兄ちゃんは先に行ったから、のんびりやろうよ」と声をかけると、「のんびりしかできないよ」と圭は力なく言った。
それでも、ノートラックの雪面と濃青の空のコントラストに目を奪われた俺達は、超二日酔いなのに予備エンジンが作動して、どんどんギアを上げていった。気がつけば、8本も登り返して、またしても一人ギタギタをやってしまった（※一人で山をギタギタに食い散らかすこと）。昨年行ったカシミールでの1本目を思い出した。高所順応0％で標高4,000mをハイクした俺は、ポンコツ車のように動きが悪かった。それに比べ、このスキー場は

高くても標高1,000m程度しかないから身体が楽で天国だ。まぁ、超二日酔いなので、体感標高は4,000mだけど（笑）。逆に、今日みたいな超二日酔いでカシミールの山を滑っていたら、デスゾーンみたいなものだったな…。

雪はギリギリエッジがかかる程度の硬いアイスバーンの上にうっすらとウィンドパックされたパウダーが15cmほど乗った感じだ。ところどころ吹き溜まりがあったり、雪が薄いところもあって、なかなかテクニカルな雪だけど、それがまた面白い。さすがは北極圏だと思った。日照時間は長いのに、南面や西面の雪が腐ってこない。今までの旅を振り返ると、初日からとんでもなく滑りまくる…つまり、初日のコンディションが最高なことが多かった。モロッコしかり、アイスランドしかり…。カシミールなんて、初日しかまともに滑れた日がなかったくらいだ。そのような経験を経て、「できるときに、できる限りやっておこう」というメンタリティが俺と圭の中に植えつけられていた。案の定、ほとんど何も飲まず食わずで（二日酔いで食欲がなかったということもあるけど）夕方まで滑り続けてしまった。

湖と街に飛び込むように、メインゲレンデを滑り降りてベースエリアに向かう途中、圭がおもむろ言った。

「タケちゃん、一回宿に戻ってもいいかな？ 無線を取りに行こうと思って」

「取りに行くの面倒じゃない？ 声が届く範囲で撮影すればいいよ」

「いや実は…、今朝からずっとパスポートが行方不明なんだよね。無線も取りに行きたいけど、まずパスポートを確認したくて…」

圭が自分を落ち着かせるような口調で言った。

「…まぁ、昨晩も今朝も酔っ払ってたもんね。今探せばすぐに見つかるよ！ 大丈夫！」

旅の様々なトラブルを経験し、リカバリー能力を上げてきた俺達だが、ことパスポート紛失に関しては完全な無力だ。とにかくなくなっていないことを祈るしかない。圭の帰りをスキー場ベースで待っている間、人々の様子を眺めていた。天候が良いので、ビールを飲んだりアプレスキーを楽しんでいる人々の笑顔が眩しかった。スキー場ベースから目立つところに、このスキー場で一番気持ち良さそうなフェイスがあり、まだノートラックのままだった。圭と明日あたり攻めてみようかと話していた斜面だ。すると、一人のスノーボーダーが、まさに俺が狙っていた斜面をフラフラとおぼつかないターンで滑り降りてきた。

「くそっ！ やられた！」

夕方まで誰も滑ってなかったから大丈夫だと思ってたのに…。それにしても、ハイクする人がいないと思っていたこのスキー場で、あの斜面を攻めるヤツがいようとは…。こんなことなら早く行っておくんだった。圭がなかなか帰ってこないので待ちぼうけしていると、タトゥーの兄ちゃんがベースに滑り降りてきて、俺に気付いて歩み寄ってきた。

兄ちゃん「おお！ やっと会えたな！ あれ？ 圭は？」

俺「いやまぁ…いろいろあってさ（笑）」

兄ちゃん「それよりタケ、お前に自慢したくてさ〜。ついに滑っちまったぜ〜。あの斜面！」

タトゥーの兄ちゃんは満面のドヤ顔をして斜面を指差した。そこは、まさに俺が滑ろうと狙っていた斜面だった。さっき滑っていたスノーボーダーは兄ちゃんだったんか！ よりによって！

俺「…お、おお！ すごいじゃん！ 見ていたよ！ あれは兄ちゃんだったんだ（汗）！」

兄ちゃん「そうか！ 見てたか！ 凄い滑りだったろう？ 俺は充分満足したから宿に帰るけど、タケはまだ滑るのか？」

俺「ああ、夕日が綺麗だからね。もう1本行ってくるよ」

兄ちゃんと別れて30分くらい経って、圭がトボトボと歩いてきた。

「なかったわ…」

「…えっ？！」

一瞬何を言っているのかわからなかった。人のことではあるが、まさに人ごとではなかった。ビザを取るのにも苦労するロシアで、パスポートをなくすということは、かなり最悪なシナリオだ。咄嗟に様々な対応策を考えている自分がいた。パスポートやビザの再発行は、当然ここではできないし、かなり時間がかかると思われる。ということは、ここでスキーを楽しんでからモスクワに移動するのでは間に合わないだろう。もしかして、明日モスクワに戻って、日本大使館に行かなければならないってことか？ それは事実上、コラ半島セクションの旅が終了することを意味していた。さすがにそれは笑いのネタにするには深刻すぎる。ほんの数秒間で様々な思考がぐるぐると回っていた。やばいな〜、どうしよう、どうしよう…。

「飲みに行ったとき、パスポート持って行った？」

「多分」

「そのザックってそのときは持って行ってないよね？」

「うん。だからこのザックには絶対にないと思うんだよね」

圭はそう言いながら、ザックの雨蓋についているジッパーを開けた。

「あった」

「え…？」

「パスポート、あった！」

「うお〜〜〜い！」

うん。この感じだ。今日のように印象的な出来事が数珠繋ぎで展開していく1日は、そのオチもなかなかなものなのだ。

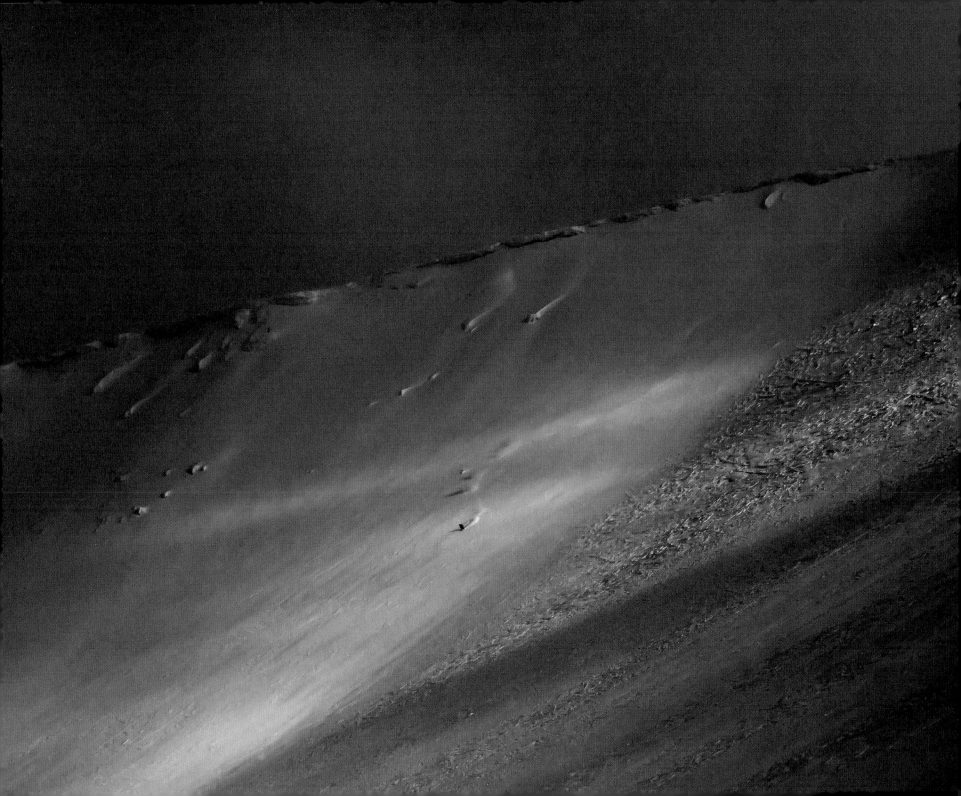

ウォッカとプーチン

深夜２：００。心配になって思わずベッドから起き上がった。
「大丈夫か？ 屋根が吹き飛ぶんじゃないか？」
部屋を出て階段の踊り場の窓から外をみようと思ったけど、ブリザードが巻き上げた地吹雪でほとんど何も見えない。さっきからガタガタうるさいのは何だろうか。この烈風なら、何が飛んで来ても不思議ではなかった。キロフスクに到着して２日間、早速の快晴無風に恵まれた俺達だったが、単にピンポイントで幸運に恵まれただけだったようだ。この街には北欧のような三角屋根の可愛らしい一軒家は少なく、鉄筋コンクリートで作られた四角い集合住宅ばかり。もしかしたら、風への耐久性や暖房の効率性を考えた建築なのかもしれない。何しろ、屋内にいても身の危険を感じるほどの風だし、真冬は常にマイナス30度以下という極寒の地である。
それから三日三晩、強風で外出するだけでも決死の覚悟という日々が続いた。日本のスキー場だったら、こんな天候ならば朝の時点で全日全山クローズが確定だろうけど、ここのスキー場はこれがノーマルの天候なのだ。だから、一瞬の隙をついてリフトを動かす気満々でスタッフが待機している。確かに風が強いだけでクローズしていたら、全く商売にならないだろう。スキー客も、そんなスキー場の努力をわかっているのか、誰一人文句を言わず、「早く動かないかな〜」とベースのレストランでコーヒーやビールを飲みながら気長に待っているのだ。それでもどうしようもなく天候が悪い日もあり、そんなときは気合いを入れて街を散歩して回った。
ロシアの店は、外観や看板だけでは何の店かさっぱりわからないので、店という店は片っ端に入ってみる。まず驚いたのは、大型スーパーから小さな商店に至るまで、お酒の品揃えが半端

じゃないことだった。ビールの銘柄も多いけれど、何と言ってもウォッカの種類が異常に多い。ワインやウィスキーなど他のお酒も抜かりなく、店の壁一面を埋め尽くす様は壮観だ（お酒の品揃えが良い反面、他の商品の品揃えは最悪だけど…）。
「地球を滑る旅」でこれまで行った国は、主に宗教的な理由からお酒が手に入りにくいところが多かった。お酒を一日中探し求めて、収穫なしで帰ったことは数知れず。ちなみに、ロシアにかつてイスラム教が入ってきたとき、一部を除いてまったく広まらなかった。理由は教義に『禁酒』があったためだという。この国では神よりもお酒のほうが尊いということか…。コンビニのどこでもお酒が手に入る日本の便利さも異常だけど、ロシアの場合は、それに量と種類の多さが加わる感じだ。まさに世界一のお酒好き国家である。お酒に対して寛容なのはありがたいけど、昼間から明らかに酔っ払っているおっさんが多すぎる。シャイな人が多いロシアで、向こうから話しかけてくる人は90％が酔っ払いだった。ロシア人いわく「ウォッカは我が国の誇りと恥」。これでもわかるように、ウォッカはロシア人にとってかけがえのないものであると同時に、社会問題にもなっている。アルコール依存症のロシア人は300万人に達し、男性の死因の30％がアルコール依存症に関連するのだという。お酒が手に入りやすく、お酒を飲む人が好かれ、酔っ払いに寛容なロシアのお国柄は、お酒好きの俺にとっては嬉しい限りだけど、気をつけないとこっちまでアル中になってしまいそうだ。
酒屋を出て、俺と圭は足元がツルツルの歩道を肩をすくめて歩いて行った。氷結した湖の手前にゆっくりと走る貨物列車が見えた。延々と続く貨物列車に積載されているのは、この地域で豊富に採れるという燐灰石だろうか。燐灰石はアクセサリー用

に加工されたり、化学肥料の原料になるという。豊富な天然資源がなかったら、こんな僻地に人が住むことはなかっただろうし、当然スキーエリアができることもなかっただろう。時間はいくらでもあるので、少し離れたところにある町、アパチトゥイにバスで繰り出してみた。これだけ寒い街を散歩していると、どうしても店から店への移動になってしまい、当然飽きてくる。「やることないし、髪切るミッションでも遂行する？」持ちかけてみると、「そのつもりでしばらく髪切ってなかったからね」と言って圭はニヤリと笑った。
「地球を滑る旅」では、スキー、食、移動、観光、人々との交流などで、その土地の文化に積極的に触れるようにしている。そんな中で、俺達が前回のカシミールから始めたのが、「地球のどこかで髪を切る旅」だった。流行りのヘアスタイルやカット方法など、やはり国によって全く違い、文化を肌で感じられることが魅力だし、現地に馴染むのに最も手っ取り早い方法の一つなのだ。ロシア人のヘアスタイルといえば、なんとなく軍隊っぽい角刈り風なのをイメージしてしまうが、実際はどうなんだろうか。
「ごめんくださ〜い」
外観からは理容室とわかりにくいマンションの１室の扉を恐る恐る開くと、女子プロレスラー風のお姉さんが面倒臭そうに招き入れてくれた。まず、店内で目を引いたのはプーチン大統領の写真だ。ロシアでは、いたるところでプーチン大統領のポスターやグッズを目にする。それは、グリズリーにまたがったプーチンであったり、2機の戦闘機の翼に大股でまたがっているプーチンであったり、どれもがスーパーマンを彷彿とするものばかり。様々な問題で人気を落としてる安倍晋三総理大臣に比べ、何というカリスマ性なのだろうか。確かにプーチンなら何とかしてく

れそうというムードはここロシアには大きく存在するように思える。さすがの圭も、「プーチンみたいにしてください」とは言わず、角刈になることも恐れて、ヘアカタログでヘアスタイルを選んでいた。日本の場合は、少し切ってはリクエストを聞き、いつでも方向転換できる姿勢で慎重に切っていく印象だ。一方、海外の床屋はカット開始30秒で髪型の結論を出すような切り方をするところが多いから非常にキケンなのだ。こっちが切ってもらいながらリクエストしようと思っていても、最初のハサミでモミアゲがなくなるとか！ おいおい！ こうして、俺達二人は揃ってドリフのコントに使うヅラのような髪型になり、襟足に吹き付ける極北の風に首をすくめながら宿への帰路についたのだった。帰り際、圭がボソリと呟いた。
「タケちゃんの髪型…、写真集的にNGだわ」

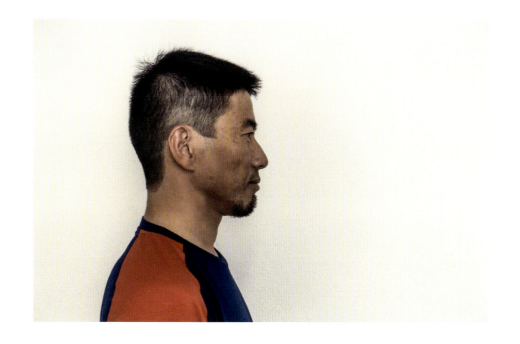

呪われたボード

天気をうかがいながら、隙を見計らってスキーをする生活を続けているうちに、ホステルに長期滞在していた小太りなお姉ちゃんもいなくなり、いつのまにか俺達がホステルに滞在している中で最古参になっていた。長らく同じスキー場ベースに滞在していると、どの時間帯にどの斜面の光がヤバいのかがわかってくる。今日は天候も良いし、BIG WOODでやり残したこと全てをやり切ってしまうことに決めた。スキーセンターの正面に立ちはだかる美しいボウルを見据えながら、圭が渋い表情で言った。

「俺、レンタルボード借りてくるわ」

実は昨日、俺達にとって大きなトラブルが発生した。昨日は、相変わらず強風が吹いていたけれど、吹きだまった雪がまるでクリームチーズのようにモチっとした感触で斜面に張り付いて、その独特の感触を楽しみながら滑っていた。そして、2本目、

「うわ! やばい!」圭が突然叫び声を上げた。

「え? どうした?」

滑り寄ると、なんとスノーボードのバインディングが故障していた。圭のスノーボードはスプリットボードなので、どこかで買い換えようにも、修理しようにも、そうそうできるものではない。こうして、圭は滑ってきたコースをトボトボ歩いて登り、ゴンドラに乗ってベースに降りた。ロッジでレンタルのスノーボードを借りるというのだ。幸い、レンタル料金が日本の4分の1くらいの値段で助かったが、スプリットボードを使えない＝バックカントリーに行けない、もしくはあまり遠くまでは行けないことを意味する。色々とやりたいことが満載なだけに、もしかしてこれはかなり残念な状況な気がするが、よくよく考えれば、バックカントリーの奥地で壊れなくて良かったというものだ。「地球を滑る旅」を続けていけば、いつかは起こるだろうとは思っていた。オーバーチャージ（費用）や移動のフットワークを考えて、持ってくる荷物を極限まで絞っていた俺達に、スペアの滑走用具を持っ

てくる余裕は一切ないからだ。俺は、始業運転もそこそこにゴンドラに乗車し、下車したらすぐさま稜線ハイクを開始した。圭は今日もレンタルで初心者用のダサいボードを借りて俺のあとを追った。風に叩かれて凍りついたシュカブラが広がる尾根を、クロスカントリーさながらのハイペースで登っていく。今回は用具のチョイスで迷ったけど、このハードスノーならばもう少しどっしりした乗り味のスキーのほうが良かったかもしれない。でも、BACKLAND 95とHAWX ULTLA XTD 130という超軽量のコンビネーションが、まさかここまで高い滑走性能を発揮してくれようとは、嬉しい誤算だった。

急斜面へのドロップポイントを探すとき、毎回緊張する。特に、今回滑るフェイスは広大だけど、その中でドロップできるのはたった3ヶ所で、そこ以外にはバスのように巨大な雪庇がせり出していた。それに、テーブル状の山頂部は地形的に目印になるものが何もないので、ピンポイントで目的地に辿り着くのは至難の技だった。圭と無線で連絡を取り合いながら、怖々斜面を覗き込み、何とかドロップポイントを見つけた。少し張り出している雪庇を、へっぺり腰の体制でポールを伸ばして削り落として、少しでもドロップしやすいように下ごしらえする。圭が遥か離れた場所でカメラをセットしている。この旅は何せ2名という撮影の最小単位で動いているので、圭はスチールと動画を常に回し、俺もアクションカムや動画、スナップ写真など、一人3役で大忙しなのだ。この広い景色、この高度感、そして、スキーエリアなのに、人っ子一人いない貸切状態。さらに良い雪と快晴が加わった出来過ぎな条件が揃った。今回のトリップで最高の1本になる予感がビンビン来ていた。

「いつでもオッケーです！！」

俺は、鼻息荒めに無線で圭に呼びかけた。待ちに待ったドロップ10秒前。このワクワクドキドキ感は、何にも変えることはできない。勢い良く斜面に滑りだすと、ハイスピードで雪面を撫でるように大きな1ターンを描く。ここ数日、風紋でガタボコの斜面がほとんどだったので、半信半疑の1ターン。

な、なんと底付きなしの超絶心地よいクリームパウダースノー！2ターンめは既に恍惚感でヨダレを垂らしながらスピードを上げていく。徐々に頭の中が真っ白になっていく。まるで、地球上に自分一人しかいないような、地球一つを丸ごと独り占めしているような錯覚に溺れる。ハッと我に返ったのは、ボトムに来て、ガタボコ斜面にスキーを弾かれた瞬間だった。

全ての感覚を研ぎ澄まして、斜面と対峙するときもあれば、全ての感覚が昇華して、無の境地に達するときもある。次のターンがどんな1ターンになるのか、それはターンしてみなきゃわからない。そんな小さな好奇心を求めて、俺はいつまでもターンし続けている。スキーをしない人には、たったそれだけ？ と思われるかもしれないけど、俺にとっては充分すぎるくらいの動機付けなのだ。気を良くした俺達は、初日からずっと狙っていた急斜面の夕景を狙うことにした。撮影に最適な時刻もラインも完璧にチェック済みだった。夕日の沈む先に雲はなく、山々もすっきりとその姿を現わにしていた。全てが成功する条件が整っていた。あとは、俺がすっ転ばない限りは、カバーショット級の傑作写真が撮れるにちがいない。俺がニヤニヤしながら、斜面へのドロップポイントに向かっている途中、圭から思いもよらない無線連絡が入った。

「タケちゃん、やばい！ レンタルボードのパインが壊れた！」

「え？！」

全身から力が抜けていくのを感じた。それは、圭が当初予定していた撮影ポイントまで移動できないことを意味していた。おい！ レンタルボード〜〜〜！！

「それじゃあ、ちょっと遠いけど、その場所から撮れるところでやろう！ レンタルボード返す時間までに歩いて降りなきゃだから、今すぐやらないと間に合わないかも！」

「オッケー！ やろう！」

急いで滑り出す準備をしていると、今度はどこからともなくエンジン音が聞こえてきて、まもなくスノーモービルに乗ったパトロール風の男が現われた。普段はこんなところまでパトロールが来ることはないのだが、今日はたまたまスキー場営業後に花火で雪庇を落とす作業をするらしく、そのチェックに来ていたのだ。何というバッドタイミング！ パトロールも、もしも今怪我でもされたら、このあとの作業に影響するから、声をかけないわけにはいかないのだろう。

「ここの斜面を滑るつもりか？ 雪崩が起きる斜面だから戻りなさい」万事休す…。どうしても写真を残したい圭は、「帰るフリして滑っちゃえば？！」と提案してきたが、ここで滑ったら留置所に送られる予感が97％だ。さすがの俺もそんな危険な博打は打てない。こうして、俺達の完璧な作戦は、達成目前であえなく水の泡となったのだった。圭は、ビンディングが壊れたレンタルボードを持って稜線を下りながら、「俺、何しに山頂まで上がって来たんだ…」とうなだれていた。

宿に帰ると、全館に清掃が入ってピカピカになっていた。俺達以外にゲストはいるのだろうか。それくらい館内は静まり返っている。このホステルに着いた日は、そんなに前のことではないけど、妙に懐かしく思い出していた。初日からタトゥーのスノーボーダーと仲良くなり、さらにおっさんとおばちゃんグループと一緒にボウリングをして、翌日は起き上がれないくらい二日酔いからのスキー初日だった。あのときは、「楽しいけど、こんなのが毎日続いたら、身体が持たないぞ…」と心配していた。だけど、あれほど盛り上がった日は、その後なかった。静まり返ったホステルのダイニングで俺と圭は、「ちょっと寂しいね」と呟きながら、いつもと代わり映えのしない夕食を頬張った。

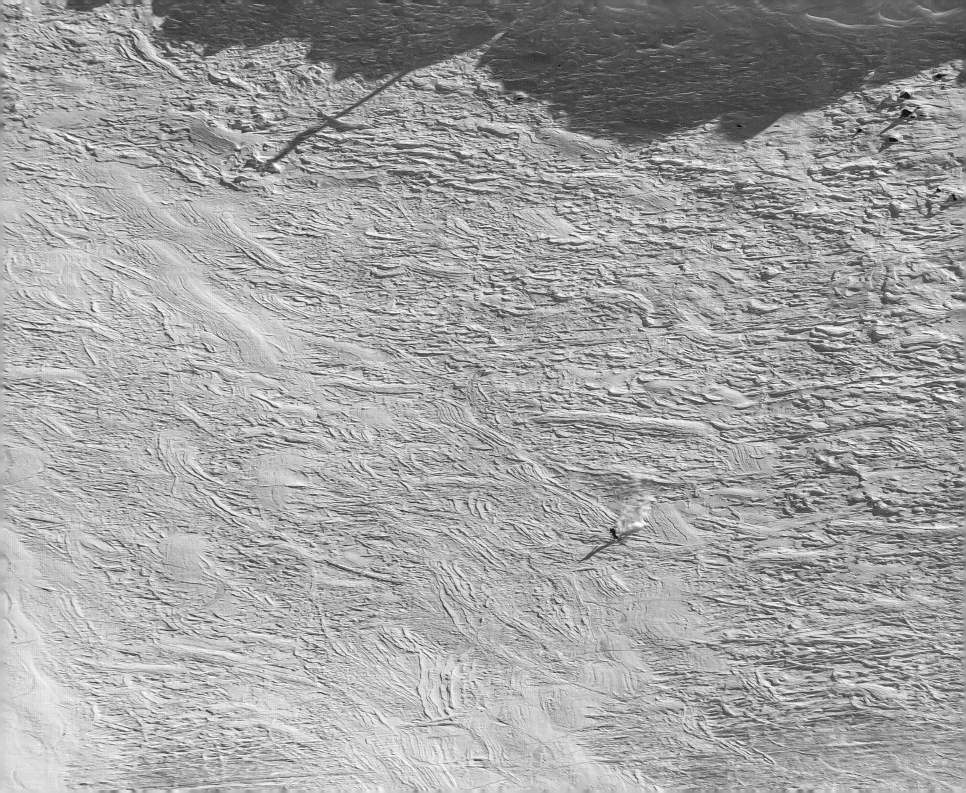

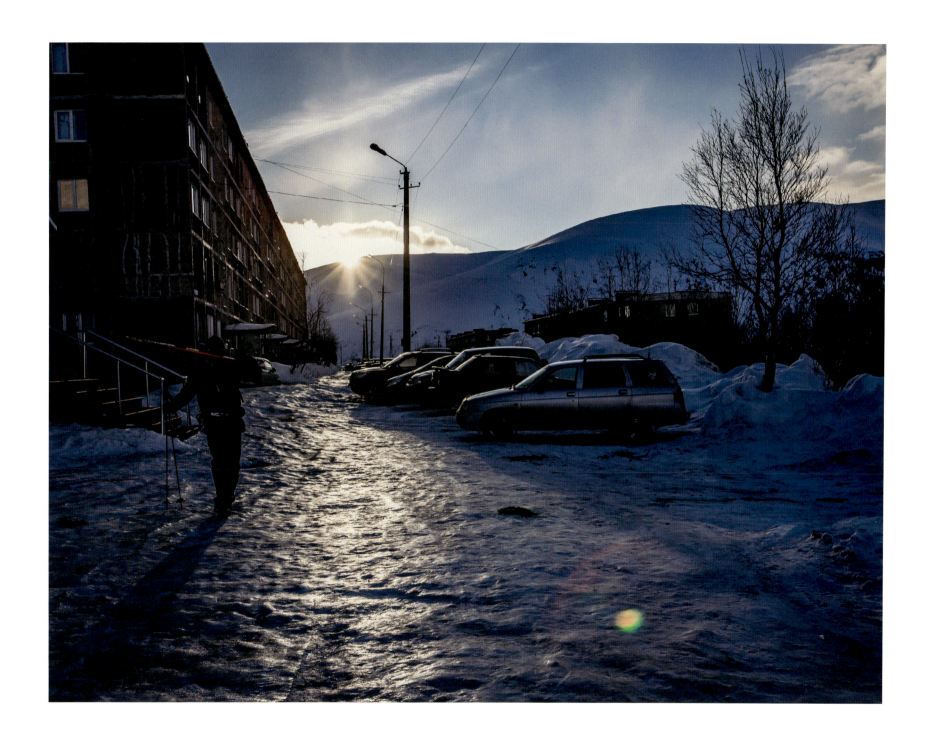

知られざる聖地

「ここに行きたいんだけど、このバスで大丈夫ですか？」
iPhoneの地図アプリで行きたい場所を指差しながら、バス停にいた60歳がらみのオジさんに尋ねてみた。オジさんは少し沈黙して考えていたので、「これこれ。スキーね！」とスキーを指差すと、オジさんはハッと気づいたように「大丈夫だよ」的なことを言った。BIG WOODスキー場最寄りの居心地の良いホステルに泊まっていたせいか、なかなか他のスキーエリアに行く出足が鈍っていた俺達だったけど、どこからか、隣町にもスキー場があるという情報をゲットした。「地球を滑る旅」では、できる限り多くのスキーエリアを滑って巡りたいというモチベーションを持っている。どんなに小さいスキー場であれ、他にもスキー場があるならば、行ってみないと気が済まない性分である。
「本当にスキー場なんてあるのかな〜」正直言って、半信半疑…、いや7割は疑っていた。そのスキー場はグーグルマップにすら載っていないし、ベースになっている谷のどん詰まりにある集落は鉱山で働いている人々が住んでいるエリアで、スキーをしに行く場所には到底思えなかったからだ。もしもスキー場があったとしても、鉱山で働く人がちょっと練習するための超小規模なスキー場に違いない。まぁ、こんな日もあっていいか。
親切なオジさんにお礼を言うと、マイクロバスに乗り込んだ。一応念のためにオジさんに確認してみたけど、アパチトゥイに行くバスか、谷のドンつきにあるクキスヴムチョッルという集落に行くバスしかないはずだ。これで間違えるほうが難しい。どんなスキー場であれ、新しいスキー場に行く日は特別な1日だ。俺は車窓にかぶりついて、流れる景色を少しでも眼に焼き付けようとしていた。すると、バスは途中で思わぬ方向に曲がった。
「あれ？ この先ってBIG WOODスキー場じゃ？ そうか、BIG WOOD経由ってことね」

BIG WOODに到着すると、乗客全員が降りていった。
「やっぱりBIG WOODは人気あるな〜」と思っていたら、運転手が「終点だぞ！ 早く降りろ！」と言っている。
…オジさん！ こうして、すっかり出足が遅れてしまい、スキー場の麓にある村に着いたときには、すでに正午を回っていた。「この道でいいのかな？」まるで林道のような頼りない道が山の方向に伸びているが、看板らしきものもなく、とてもスキー場に向かう道には思えない。半信半疑で坂道を登って行くと、大きな施設か何かの廃墟が見えてきた。奥のほうには巨大な鉱山があるらしく、鋭利に削られた岩肌が立ちふさがる壁のように広がっていた。俺は立ち入り禁止のエリアに足を踏み入れたような気分で、キョロキョロ辺りを見回しながら坂道を登って行った。
コラ半島にある世界で一番深く掘った穴のことを思い出した。その穴はどこにあるのだろうか。「地獄の扉に穴を開けてしまった」と研究者が全員逃げ出してしまったという穴。都市伝説のような話だが、旅を面白くしてくれるスパイスになる話は大歓迎だ。ほどなくして、木造の古いスキーロッジが姿を現わした。BIG WOODの真新しいロッジとは一線を画した味わい深い風合い。スキー場を評価するポイントとして、結構大きな要素はスキーロッジだったりする。地元のスキーヤーに愛され大切にされてきたスキーロッジは、外観を見ただけでわかるのだ。スキーロッジを見た瞬間、「もしかしたら、このスキー場…」という予感がしていた。ロッジのすぐ脇にJバーがかかっていたので、斜面が見えるところに移動してみる。「おっと…」俺は思わずのけぞってしまった。ロッジの裏は見上げるような急斜面になっており、そこにまっすぐJバーがかかっている。
「なんだこりゃ？」
周囲を見渡して初心者用のリフトを探してみるも、3機あるJバー

のどれもが急斜面にかかっていた。そこは、完全に初心者を無視したスキー場だった。Jバーを2本乗り継いで行けば、なんとか山の頂上あたりまで行けそうだ。ここから見た感じでは、見える斜面がコースみたいだけど、雪のコンディションは良くないし、スキー場の規模もそんなに大きくないから、ちょっと滑れば満足かな〜と2時間券を購入した。しかし、これだけ原始的なスキー場なのに電子チケットなのには驚いた。日曜日の今日でも、見た感じ10人もお客さんいないのに、電子チケット必要か？ 恒例になった圭のレンタルボード選びを終えて、早速Jバー乗り場に向かった。設計ミスか除雪不足か、Jバーのケーブルがやたらと低く、Jバーの搬機とケーブルのジョイント部分にあるゴツい金具がちょうど頭の高さで迫ってくる。俺はマイク・タイソンのストレートをかわすように、間一髪のスウェーで対応した。ボケーっとしてたらノックアウトされるぞ！ なんだこのスキー場！ それだけではなかった。Jバーを股に挟み込んでから、延々と続く急斜面。雪面もガタボコで一瞬の油断も許さない状況だ。圭は大丈夫だろうか？ 心配だけど、後ろを振り返る余裕もなく、どんどん脚がプルプルしてきた。プロスキーヤーでこの有様である。重ね重ねになるが、なんだこのスキー場！！ 案の定、圭は山頂の少し手前でJバーが股から外れてしまい、そこからはJバーにしがみついて、なんとかギリギリ山頂に到着したという。
「タケちゃん、これっきり！ 2回は無理だ！ 俺！」
圭が肩で息をしながら言った。Jバー降り場は、まさに山の頂上だった。あまりの開放感に股間がザワザワ〜とするのを感じた。なんてこった。俺達はヘリスキーで山頂に降ろしてもらった状況を味わっていた。狭い山頂から360度広がるパノラマ。ゾクゾクするほどの高度感。稜線をたどって奥のエリアに足を伸ばすスキーヤー、スキー場の真裏に滑り込もうとしている人。そこは、標識もロープ

も存在せず、怖くなるくらい自由すぎるスキー場だった。スキーロッジから見上げていた斜面は、このスキー場のほんの一部に過ぎなかったのだ。しつこいけど、なんだこのスキー場！！！ そうか、マイク・タイソンのパンチをかわす瞬発力と、急斜面Jバーでの筋力、持久力、バランス感覚、そして根性という名のメンタルが備わっていなければ、来てはならない場所だったのだ。全てがここに来るためのオーディションだったのか！（納得！）Tバー疲れでグッタリしていた圭だったが、稜線を移動して行くうちに両脇に開けてきた急斜面を見て、「やべ〜、（来るべき場所は）ここだったのか〜〜！」と興奮して叫んでいた。

1,000mに満たない山なのだが、標高分丸まんま急斜面が360度広がっている。大斜面、急斜面、クーロワール、美しいウィンドリップ…。山頂から眺めただけでも、あらゆる天然の地形が集まった夢のような山なのを実感することができた。そこは紛れもなくFREERIDEの聖地というか、FREERIDEをするべき山だった。どこで撮影しようかと、雪庇近くに立ち止まっていると、ABSを背負い、プロテクターを身にまとった厳ついローカル姉ちゃんが「ここは一番リスクが高いところよ。気をつけてね」と言って、颯爽と滑り抜けて行った。なんでもアリだからこそ、地元スキーヤーが常に声を掛け合い、リスクに対して注意を喚起しているのだ。テイネの裏に通っているオジさん達を思い出した。こういう山には素晴らしいローカルスキーヤーが育ち、素晴らしいローカルスキー文化が生まれるのだ。ここに1週間も滞在すれば、どれだけ多くのスキー友達に恵まれるだろうか。と、そのとき、二人のスキーヤーが急斜面に滑り込んだ。危なっかしい滑りだな〜と思ったら、その二人より危なっかしいスキーヤーが雪庇から勢いよく飛び出してきた。「あ！ あぶねぇ！」彼は2ターン目で大転倒し、スキーもバラバラに外れて滑落していく。スキーを履いて再び滑り始めると、またし

ても2ターン目で大きくバランスを崩し、体操の床演技のように飛び散って行った。谷底に到着するまでに何回転がっただろうか…。稀に体力と根性だけは充分にあって、スキー技術が全くない人が上がって来てしまうこともあるのだ。そういう意味では、このスキー場、危なすぎる…(汗)。すっかり呆気に取られてしまった俺達だったが、気を取り直して山の地形を観察した。なめらかな稜線と彫刻作品のような沢状地形が、あっちにもこっちにもあって目移りしてしまう。光の良いところは決まって雪面がボコボコだったけど、この景色の中滑れるならば、雪質なんてどうでも良いと思えた。俺のターン全てをこの大いなる山の愛で受け止めておくれ〜！何度も登り返して貪るように遊んだあと、さぁそろそろ降りようかと滑る準備をしていた圭が、やけに脱力した声で無線越しに呼びかけて来た。

圭「タケちゃん、とんでもないことが起きたわ…」

俺「…え？ 何？ 何？」

もう圭が何を言ってもあまり驚かない気がした。

圭「レンタルボードのバインが壊れた…」

Oh! my god!! 圭には気の毒だけど、もう笑うしかなかった。もしかして、これで3回目？ こんなことが3回も立て続けに起こるなんて、ありうるのか？ よっぽど圭を滑らせまいと引き止める不思議な力が働いているとしか思えなかった。

スキー場を離れる直前、四輪バギーに引っ張られて、4人のスキーヤーがロッジの前に帰って来た。「どこから来たの？」と聞くと、ミスタービーンに似た明るい男が口角に泡を溜めながら言った。「スキー場の裏に滑り込んで、ガイドにピックアップしてもらったんだ。お前らも一緒にどうだ？」

彼はモスクワ郊外に住む熱心なバックカントリースキーヤーで、ガイドはロシアのフリーライドスキーチャンピオンだという。今回の

旅で最もラッキーを予感させる出会いが、よりによって帰りのタクシーが到着したこのタイミングで訪れるとは！ これも神様のいたずらか！ 彼らとは1分で旧知の親友のように打ち解け、「次はエルブルースに行ってみたらどうだ？ そのときは連絡くれよ」など、短い時間でBC情報を交換し、facebookのIDを交換してお別れした。スキー場の滞在時間、わずか3時間で何とまぁ濃い体験だったろうか。そして、後ろ髪を引かれているからこそ、生涯忘れられないスキー場になるということもある。

その後、少しは観光もしようよと立ち寄ったSNOW VILLEGEで圭はうわの空だった。ここからだとスキー場裏側の斜面が一望でき、彼らが滑ったというクーロワールが昼下がりで幾分淡くなった光に照らされて、俺達を呼んでいるように見えた。

「あと1日あったらな〜」アラフォーのオヤジが、まるで初恋の人を想って溜息をつく乙女の心境だった。そんな俺達とは対照的に、この雄大な景色の中、黙々とクロスカントリースキーに励む地元の少年達の姿が印象的だった。

昨日、後ろ髪を引かれながら宿に帰ってきた後遺症はかなり色濃く残っていた。

「出発まで時間ないけど、もしも晴れたら早朝に登り始めて、朝の光で1本やろうよ」

しかし、朝起きると空はドン曇り。しまいにチラチラと雪片が舞い始めた。「あんまりガツガツしないで、そのへんにしておきなさい」と言う神様の思し召しなのだろう…。そう解釈して気持ちをグッと納め、荷物を完璧にパッキングして、キロフスクの市街観光に切り替えることにした。ところが、さぁ街に出ようと思ったら、少しずつ雲の切れ間に青空がのぞき始め、ついには眩しい太陽光線がなめらかな純白の斜面に降り注ぎ始めた。

俺「…どうする？」

圭「…いいよ！」

どうやら、考えていたことは同じだったようだ。丁寧にパッキングした荷物をこじ開け、スキー用具を片っ端から引っ張り出し、物凄い勢いでスキーの準備を整えた。「あれだけたっぷり滑ったというのに、どんだけスキー好きよ！」と呆れる半分、そんな自分が好きな俺だったりする(笑)。2時間券を買い、ゴンドラに飛び乗り、さっそく山頂を目指すも、なぜか頂上部だけ雲の影となり、滑ろうとしている斜面に光が差し込んでいない。俺と圭は稜線の上で何十分も待機することになった。そこは、何度も滑ろうと思っては、様々な理由で足止めをくらい、「あ〜、あの斜面、結局滑れなかったな〜」と心残りだった斜面だった。例えるならば、サッカーのロスタイム終了間近で、スルーパスに抜け出して、さらにはゴールキーパーまでかわした気分だった。あとは丁寧に蹴り込めば逆転ゴールが決まる。そんな状況だった。

さぁそろそろ晴れ間がくるか？ と思ったそのとき、街のほうでとてつもない大音量のサイレンが鳴り響いた。こんな山奥にいても耳を塞ぎたくなるほどの大音量だ。街にいたら、どれだけうるさいだろうか。この緊張感がある音は、日本の田舎で正午を知らせる消防署のサイレンとは、まったく意味が違いそうだ。念のため時刻を確認してみたけど、正午でもなんでもなかった。「空襲警報？」「テロ発生？」「エイリアン襲来？」謎の多い地域なので、様々な憶測が頭の中をグルグルと駆け巡った。まさか、滑ろうとしている俺を警告するサイレンじゃあるまいな？ イランのスキー場でオフピステを滑走中に雪崩を起こして、留置場にぶち込まれた友人のことをまたしても思い出してしまった。ここはイランではないが、それに近い不気味さをもつロシアなのだ。2分ほどでサイレンが鳴り止み、深呼吸をして気持ちを落ち着かせた。嫌な感じがしたけれど、

それでもどうしても滑りたい欲求のほうが勝ってしまった。事故が起こるときのヒューマンファクター。自然を感じ取る謙虚な姿勢と、自己の欲求のバランスが崩れたときに多くの事故は発生している。でも、そんな自分を冷静に分析しながら滑ろうと思った。

チャンスはほんの一瞬だ。ポカッと空いた雲の隙間で、30秒ほど斜面が照らされた。そのタイミングで滑り込む判断が遅れたので、次のタイミングを捕らえようと、固唾を飲んでドロップコールを待つ。ほどなくして次のチャンスが訪れた！

圭「いいよ〜〜〜！」

俺「よし！！！」

小さな雪庇を乗り越え、目的の斜面に躍り出る。雪庇下なので、かなり雪の条件が良いのをイメージしていた。雪が良いのは結構だけど、たまった雪が雪崩れる可能性が高いのでスピードを落としてはならない。俺は集中しながらも、感謝の気持ちを胸に滑り込んだ。

「ありがとう！ コラ半島！」

そう言いながら1ターン目。

カリカリカリカリカリ！！！

「？？？！！」

イメージとのあまりのギャップに、思いっきり動揺してしまった。雪が良いどころか、今回の旅で一番カリカリの斜面じゃないか！あまりにも硬すぎて、ターンが落とされ続け、左に巻き込もうと思っていた岩にまっすぐ突っ込んで行く。かろうじてかわすも、アイスバーンがさらに猛威を振るう。スキーを真横にしてもどんどん加速していくのだ！

「やべ〜〜〜！」

こうして、楽しむ余裕はもちろん、最後の1本に浸る余裕もなく、気がついたら滑りきっていた。鳥肌が立ちながら汗が吹き出し、心

臓が一瞬鼓動するのを忘れていたかのようにバフバフと悲鳴をあげていた。もう少し斜度があったり、斜面が長かったら確実にやられていただろう。

いや〜、それにしてもこれが滑り納めの1本かよ！ 食後のアイスコーヒーと間違えて、めんつゆをがぶ飲みした気分だった。お陰で(？)俺達は「もう充分だ」と変に納得して山を降りてきた。振り返ると、スキー場は妙に閑散としており、まるで営業していないかのようだった。ホステルで初日に出会った人々の手荒い歓迎や、「一緒に滑ろう！」と声をかけてくれたみんなの顔が一つ、二つと浮かび、少しセンチな気分になってしまった。

「地球を滑る旅」は世界の色々なところに赴いてスキーと旅を楽しむプロジェクトだ。正直言って後ろを振り返っている暇はない。「また来るよ！」という気持ちに偽りはないが、実現できる可能性はとても低いということを俺達は知っていた。「少しくらいトラブルがあってもいいのにね」そうしたら、もう少しここにとどまれるのに…。

「地球の果てだなぁ」

プロペラ機が轟音を響かせながら、ゆっくりと旋回して徐々に高度を上げて行く。広大なタイガの海に、まるで島のようにヒビヌイ山脈ぽっこりと浮かんでいるのが見えた。一度見失ってしまったら、二度と発見できないような危うさを感じて、ヒビヌイ山脈が地平線に沈むまで、ずっと目を離すことができなかった。

よくもまぁ、この広い世界の中で、こんなところに滑りにきたものだ。瞼を閉じると、あの美しい山容を鮮明に思い出すことができる。ただ、頬に強く叩きつけた冷たい北風だけは、もう既に懐かしく思えてならなかった。

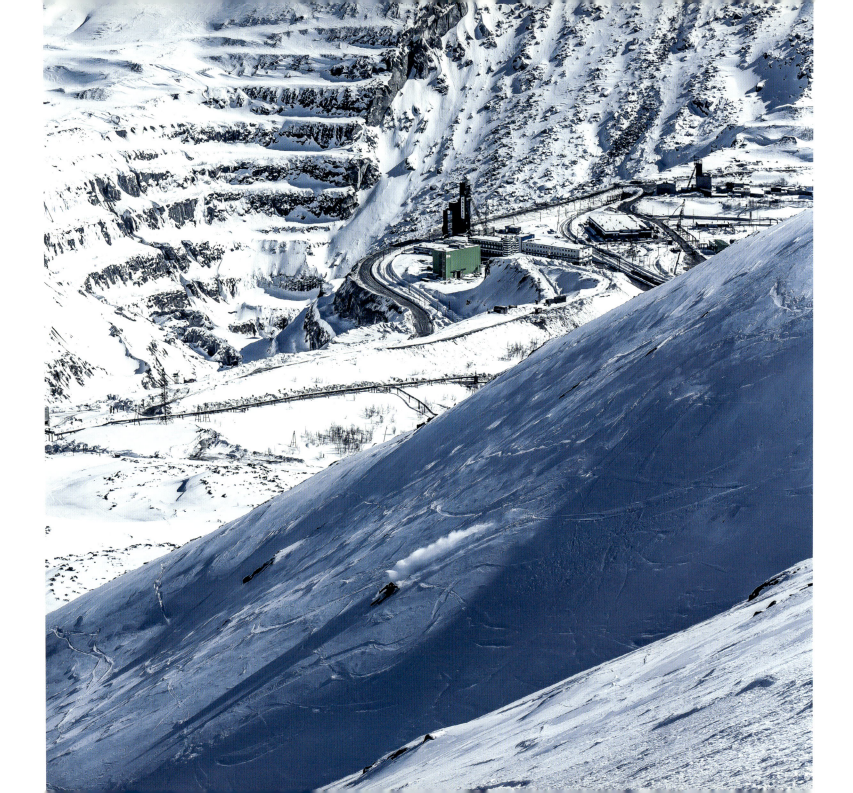

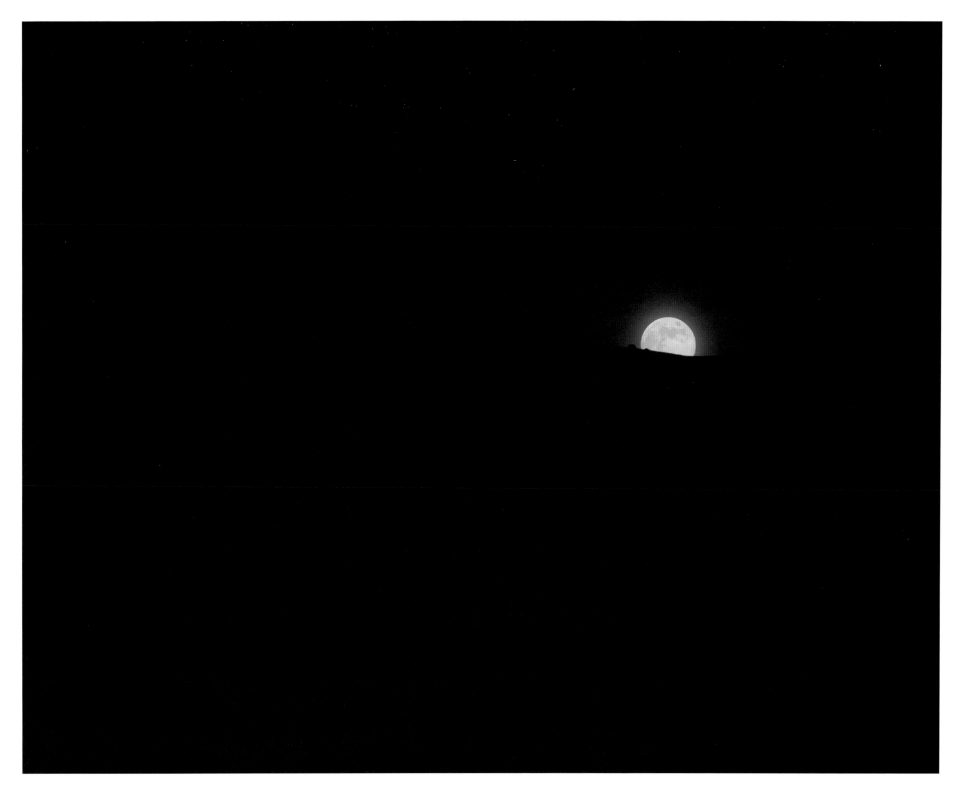

旅の終わり

ドモジェドボ空港発の列車に乗り、モスクワを目指していた。ロシアと言えば列車というイメージがある。世界は広いので、どうしても飛行機に頼りがちになるけれど、飛行機での移動は味気ない。極端に言えば、ワープしたようなものだから…。その土地の風土を感じながら、あわよくば車内で人々との交流を楽しみながら移動できる列車の旅こそ、俺が昔から憧れてきた旅だった。それぞれの交通機関に良さがあると思う。レンタカーの旅は自分の思い通りに出発停車ができ、行き先も自由だ。道なき大洋を行く船の旅はもっと自由だ。しかし、海は人間の生活圏ではないから、文化や人を身近に触れるのには向いていない。「地球を滑る旅」にもっともマッチした交通手段が、レンタカーなのはわかっていた。でも、レンタカーが使えないのであれば、それを逆手にとって移動時間を楽しもうじゃないか。

ペバレツ駅まで45分。切符の買い方も乗り継ぎの仕方もシンプルでわかりやすい。キリル文字は全く解さないのに、東京の電車移動よりも簡単だった。いや、東京の電車移動が世界一難しいのか。地下鉄は全駅一律で55ルピー（110円）と安くてわかりやすいのも嬉しい。パベレツカヤの地下鉄駅が、まるで宮殿のような装飾なのには驚いた。後から知ったのだが、モスクワの地下鉄駅構内が立派なのは世界的に有名で、巷では地下宮殿と呼ばれて親しまれているという。モスクワの人々が建造物のデザインや景観に寄せる情熱を垣間見た気がした。モスクワは言わずと知れた芸術の町なのだ。

チアトラーリナヤ駅で地上に出ると、モスクワという街がロシア人に愛されてやまない理由がなんとなくわかった気がした。街が丸ごと芸術作品のようだ。美しい建築があり、そこには歴史があり、ボリショイ劇場を始めとするたくさんの劇場や、美術館、博物館が街の中心を占めていた。それは、高層ビルが立ち並ぶビジネス街や商業施設が中心にある日本の都市とは全てが違っていた。幼い頃からこの街に育ったなら、あらゆる芸術を身近に触れて育つことだろう。実際に、美術館や博物館には子供の姿も多く、バイオリンやクラリネットのケースを背負って歩いている人が大勢いる。街の広場のあちこちで、ストリートミュージシャンが演奏し、街頭で絵画を売るアーティストの姿があり、それらを楽しむ人々がいる。風は冷たいけれど、心を温めてくれるアートに誘われるように、モスクワきっての観光通り、アルバート通りに向かった。たまにはお土産を買ったり、オシャレなお店で昼食を楽しむことにしよう。アルバート通りの入口には、たくさんのキャラクターの着ぐるみが歩いていた。

「あ！ チェブラーシカだ！」圭が興奮気味に言った。

「…なにそれ？」

テレビを見ない俺は、本当にこういうことに疎いのだ。

「知らないの？ ロシアの国民的マスコットで、日本でも人気なんだよ！」

「へ〜、そうなんだ〜」

「一緒に写真撮ろうよ！」

圭がカメラを取り出すと、すかさず茶色いチェブラーシカが抱きついてきた。次の瞬間、周囲にいた着ぐるみ6体が集結し、集合写真になっていた。

それにしても着ぐるみのくせに何という反射神経だ…。でも、

これって何か嫌な予感…。可愛いキャラクターのはずのチェブラーシカが、突然低い声で「撮影料3,000ルーブルよこせ！」と言った。撮影のチップは払おうと思っていたけど、1枚パチリで3,000ルーブル（6,000円）はないでしょう！ 渋っていると、俺は着ぐるみに囲まれて、「くそったれ！」と罵られ、強く捕まれ、押され、つねられまくった。チェブラーシカは頭を脱いで、「今から警察を呼ぶからな！ お前、警察に捕まってもいいのか？」と脅してきた。警察呼ばれて困るのはオマエ達だろ。まったく。「あ〜いいよ。早く警察呼べよ！」というと、携帯電話で警察を呼ぶ下手くそな小芝居をしているし。あ〜アホくさ。揉みくしゃになっている俺から15mくらい離れたところで、圭が「早く終わらないかな〜」と退屈そうにしている。助けてとは言わないけど、撮ろうと言ったのは圭じゃん！ 何で俺だけ（笑）？ どうでもいいけど、チェブラーシカのつねりが痛いのなんのって。俺は初めて知ったロシアの国民的マスコットが凶暴な獣のようにしか見れなくなってしまった。だいいち、モスクワの着ぐるみ達はガラが悪いし、やる気がなさすぎる。プロじゃない俺だって、とあるスキー場のマスコットを着て滑る撮影をしたとき、中国人の団体スキー客に声をかけられたら、握手したり可愛いポーズをとったものだ。それが奴らときたら、平気で頭を脱いでタバコを吸っているし、歩き方がヤンキーみたいにオラオラ系で全然可愛くない。それでお金をもらおうだなんて、プロ意識が低すぎるんだよ！ せっかくの「良い旅夢気分」に水を差された感じだったが、たまたま通りかかった地下通路で、バイオリンのストリートミュージシャンに遭遇し、その透明感あふれる演奏を聴いて、不快感は綺麗さっぱりに流されていった。

夜の帳が降りると、彫刻作品のような建造物が次々とライトアップされていった。まるで夜の街に魔法がかけられたようだった。俺の目には建造物の一つ一つが意志を持って浮かび上がってくるように見えた。派手な電飾を使うのではなく光と陰だけで作られた一つの芸術。昼間とまったく違った街の表情に俺達はすっかり酔いしれていた。モスクワはもちろん、ヨーロッパの歴史的な都市に来て強く感じるのは、景観を財産とする意識の高さだ。例えば、工事現場のネットがまるでトリックアートのようで、建造物の外壁と見違るほどだ。足場が剥き出しなんてありえないし、無機質な工事用の鉄柵もありえない。ロシアは独自の文化にプライドを持ちながら、ゆっくりと着実に発展を遂げている。音もなく悠々と流れるモスクワ川の向こうに、どっしりと構えるクレムリンを正面に見据えながら、かつて栄華を誇ったロシア帝国や、ソビエト連邦の時代に思いを馳せていた。

夕刻から強くなった北風が骨身にしみる。ナポレオンもヒトラーも落とせなかった国。その厳しい自然とときには調和し、ときには戦いながら、逞しく、そしてユーモラスに生きる人々。「また来たい」不思議とそう思わせる国だ。初めての海外旅行、そして3度の撮影に訪れたが、一向に謎は深まるばかりで、まだこの国の何も知らない気がするのだ。仕方がない。世界一広く、世界一他民族の国なのだ。

その懐の深さに、そこはかとなく安心感を感じる俺だった。

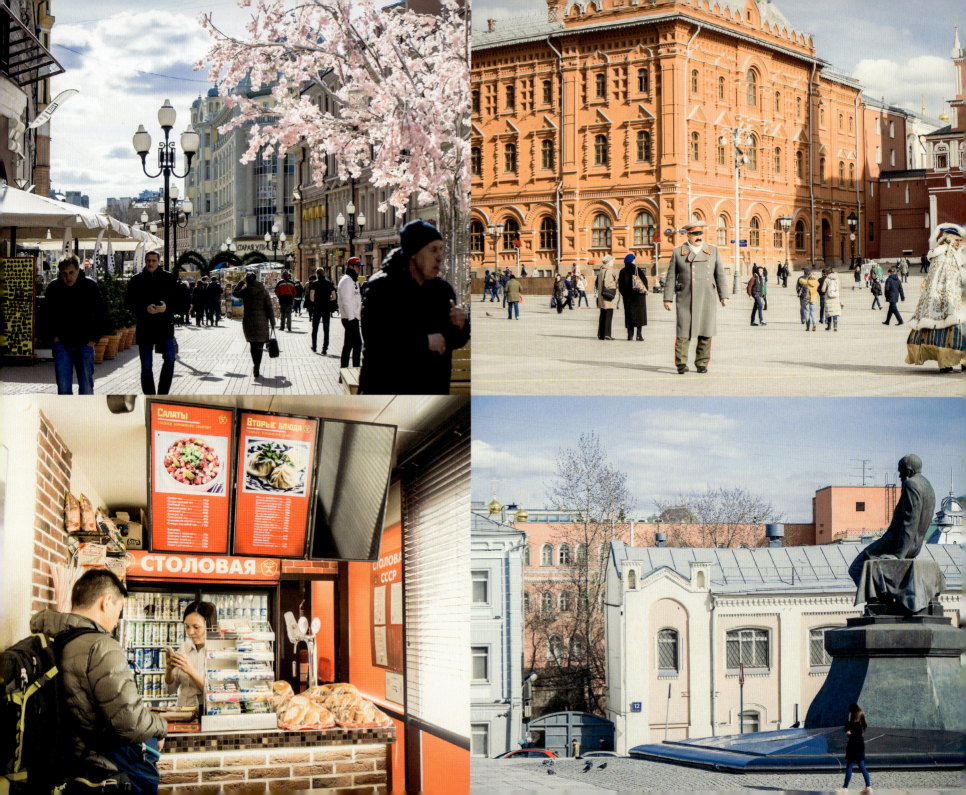

information

サハリン
面積：76,400㎢（北海道より若干小さい）
最高峰：ロパチン山(1,609m)
人口：約50万人（東京都江東区くらい）。ユジノサハリンスク（約18万人）。
歴史：日本やロシア帝国の到達以前は南部にアイヌ民族、東岸中部にウィルタ民族、
　　　北部にニヴフ民族などの北方少数民族がいた。それ以前にはオホーツク文化人など。
1264年 - 蒙古帝国（のちの元）が3000人の軍勢を樺太に派兵。
1284年 -「骨嵬」が元に反乱を起こすが、1308年に降伏。毎年の貢物を約束。
1368年 - 元が中国大陸の支配権を失い北走。樺太への干渉は霧消する。
1411年 - 明との交易が始まり、厳しい朝貢が始まる。
1485年 - 樺太アイヌの首長が、蝦夷管領に雀雀台を献じ配下となる。
1679年 - 松前藩の穴陣屋が大泊に設けられ、日本の漁場としての開拓が始まる。
1807年 - ロシア海軍士官らが択捉島、礼文島などとともに留多加を襲撃。
1809年 - 間宮林蔵は樺太が島であることを確認。
1853年 - ロシアが、北樺太北端クエグト岬に露国旗を掲げ、領有を宣言。
1854年 - 日露和親条約により、日露混住の地として日露国境を樺太島上で定めないことを決める。
1875年 - 樺太・千島交換条約締結により日本は樺太島の領有権を放棄し、全島がロシア領となる。
1890年 - 作家のアントン・チェーホフが、流刑地となっていた樺太を現地調査。
1905年 - 日露戦争勝利後のポーツマス条約締結により、南樺太がロシアより日本領に復帰。
1920年 - シベリア出兵の際、尼港事件の発生を受け、日本はサガレン州派遣軍を派兵し北樺太を
　　　　 保障占領する。
1925年 - 日ソ基本条約締結にともない北樺太から撤兵。北樺太の天然資源の利権を獲得。
1945年8月9日 - ソビエト連邦が日ソ中立条約を一方的に破棄、侵攻を開始する（樺太の戦い）。
　　　 8月28日 - 赤軍が樺太全島を占領。民間人の死者は三船殉難を含め推定3,500-3,700人。
1946年 - GHQより日本政府に対しSCAPIN-677が通達され、日本の政治的・行政的権限の行使
　　　　 の中止が指令される。
1952年 - サンフランシスコ講和条約により日本が南樺太の権利、権原及び請求権を放棄。
1989年 - ゴルバチョフにより外国人の立ち入りが許可される。
2001年 - 日本がユジノサハリンスクに総領事館を開設。

コラ半島(ムルマンスク州)
面積：144,900㎢（ネパールと同じくらい）
人口：約90万（ロシア人とわずかな数のサーミ人）。産業漁業が盛ん。燐灰、鉄鉱、銅、ニッケル原油などを産する。
歴史：
1870年代、北極圏に港町を建設する計画がなされた。
1912年、新地調査の為、地理学者フョードル・リトケ率いる最初の調査団がムルマンスクにやって来る。
1915年、第一次世界大戦時に、コラ半島に鉄道が開通したことに伴い、コラ湾右岸にムルマンスク港が創設された。
バルト海や黒海の封鎖環境の中で、同盟国から軍事物資を円滑に調達する目的で、ロシアは不凍湾を通過して氷で覆われた北の海の出口を求めていた。
【戦前】
ムルマンスクの人口は2,500人以下で減少状態であったが、1920年代に町は急速に発展。ロシアの産業中心地の一つに数え上げられるまでになった。漁業産業基地やトロール漁船団も創設され、急速に発展。1934年には、レニングラードまでの特別急行列車が往復し始めた。
第二次世界大戦の始まりまでに町の人口は12万人に達していた。
【独ソ戦争下のムルマンスク】
1941年 独ソ戦争が始まり、ムルマンスクはナチス・ドイツ軍と冬戦争以前の国境線回復を目指すフィンランド軍による陸空からの攻撃を幾度となく受けた。ドイツ軍は、戦略的要所であるムルマンスクの攻略に邁進。アメリカ合衆国をはじめ連合国側の補給物資の陸揚港として重要な役割を果たしていたからである。7月と9月の計2回にわたってドイツ軍はムルマンスク総攻撃を実行したが失敗に終わる。最終的にソ連は、古代ロシアのペーチェンガの大地だけでなく、北ノルウェーの地域をもドイツ軍から奪取した。
【戦後】
戦争終結に近い頃には、町は実に壊滅状態だった。1945年に政府の決議でムルマンスクは復興最優先課題の一つとして挙げられ、町の発展に1億ルーブルが分与された。その後、町は急速に復興。冷戦期にはソ連海軍の潜水艦の基地であった。
ソ連崩壊の後も、ロシア海軍の北方艦隊、原子力潜水艦の基地として重要な都市である。

itinerary 旅程表

サハリン

DAY1(3/27)	札幌→札幌	順調に出国！と思いきや、まさかの悪天候で千歳にUターン。そのまま千歳のビジネスホテルにチェックイン！
DAY2(3/28)	千歳→ユジノサハリンスク	色々な不安を抱えての入国だったが、信じられないくらい親切な人との奇跡的な出会いに恵まれ、全てが順調以上に進む。入国して最初の出会いが詐欺師だったインドと大違いだ。
DAY3(3/29)	ユジノサハリンスク	スキー初日。街から歩いていけるスキー場の近さに驚愕。足慣らしに林間を滑ったら、世界一難しいツリーランだった。
DAY4(3/30)	ユジノサハリンスク	昨日、目をつけていたスキー場裏エリアへ。最高の天気と雪に恵まれて、すっかり滑走欲に火がつき、結局ナイターまで一日中滑っていた。
DAY5(3/31)	ユジノサハリンスク	さらなる探検を求めてスキーエリアへ。久しぶりにジャンプをして1日3回転ぶ記録。夜は少し奮発して、ロシアの郷土料理を食べにちょっと高級なレストランに行った。
DAY6(4/1)	ユジノサハリンスク	観光day。日本のお城がそのまま郷土資料館になっていた。ショッピングモールができて賑わうサハリンの「新」と、日本の面影の「旧」を感じる1日だった。
DAY7(4/2)	ユジノサハリンスク→コルサコフ→山の空気	せっかくだから郊外も見たいと思い、サハリン最南端の街コルサコフへ。日本の遺構が街に点在し、かつて日本だった名残を感じさせる街だった。夕方、スキーに最後のターンをしに行った。
DAY8(4/3)	ユジノサハリンスク→札幌	思いっきり満足して帰国。帰国した後に予定を入れれるという圧倒的な近さを改めて感じた。

コラ半島

DAY1(4/7)	千歳→成田	小学校に入学したばかりの息子に別れを告げ、翌日朝便のため前入りで成田へ。出発祝いに飲みに行きたかったけど、夜遅かったので、部屋でカップラーメンをすすりながらビールを飲んだ。
DAY2(4/8)	成田→モスクワ	人生初のJAL国際線でモスクワへ。1日1本の便にギリギリ間に合わないという最悪の接続だったため、約24時間後の便に乗るため、空港近くのホテルに泊まった。
DAY3(4/9)	モスクワ→キロフスク	北極圏のキロフスクへ移動。ホテルの目の前に広がる山々のスケール感と美しさに、充実した滞在になると確信する。ホステルで出会った中年グループと飲みに行き、ウォッカを飲みすぎて正体不明となる。
DAY4(4/10)	キロフスク(BIG WOOD)	酷い二日酔いの状態で快晴のBIG WOODスキーエリアへ！体調は最悪だけど、あまりにもコンディションが良すぎて、ほとんど飲まず食わずで夕方まで滑ってしまった。
DAY5(4/11)	キロフスク	建物の屋根や看板が吹っ飛んで行きそうな烈風が吹きすさび、屋内にいても身の危険を感じる。この日はホステルでゆっくりお酒を飲んで過ごした。
DAY6(4/12)	キロフスク(BIG WOOD)	相変わらず物凄い風だったが、夕方になって一瞬風が止んだ隙にゴンドラが動き始めたので、2時間券を購入しスキー場へ。しかし、2本目で圭のスノーボードにトラブル発生！
DAY7(4/13)	アパチトゥイ	今日も天候が悪く、キロフスクから車で20分くらいのところにあるアパチトゥイへ。寒くて観光どころじゃなかったので、地球のどこかで髪を切るミッションを決行。
DAY8(4/14)	キロフスク(BIG WOOD)	物凄い風の一瞬の隙をついてスキー場へ行くも、リフトが停まっていたので、近所を登って少し滑る。突然、謎の膝痛に見舞われ、階段を降りるのも一苦労。
DAY9(4/15)	キロフスク(BIG WOOD)	キロフスクBCの山頂で、たまたま一緒に山頂に居合わせたロシア人、アメリカ人、フィンランド人とフリーライドセッション！スキー・スノーボードに国境はないことを改めて実感！
DAY10(4/16)	キロフスク(BIG WOOD)	午前中は、昨日仲良くなったロシア人グループと一緒に滑って遊ぶ。午後は毎年恒例の「その国らしい格好で滑るプロジェクト」を決行！
DAY11(4/17)	キロフスク(BIG WOOD)	快晴、無風、最高の夕焼けで、ずっと狙っていた斜面へ！今回最高のショットが約束された1本の直前に、まさかのトラブル連発で、残念にも不発に終わる。
DAY12(4/18)	43km(KHIBINY)	全く期待しないで出かけたKHIBINYスキー場が、BIG WOODよりも面白いスキー場だったことを知って愕然。またここに来たいという気持ちにさせる出来事だった。
DAY13(4/19)	キロフスク(BIG WOOD)→モスクワ	昨日の出来事で、もう少し滑りたい欲求が高まり、出発直前に無理してスキーエリアへ。長く滞在した居心地の良いホステルをあとにした。
DAY14(4/20)	モスクワ	モスクワの中心部に観光に出かける。モスクワきっての観光通りで着ぐるみ達にカツアゲされるも、なんとか難を逃れた。
DAY15(4/21)	モスクワ	美術館や博物館、カフェなど巡り、ゆっくりとモスクワを堪能。夜のライトアップされたモスクワの風景がいつまでも脳裏に焼き付いた。
DAY16(4/22)	モスクワ→	ルーブル紙幣を全て使い切って出国。ありがとうロシア！スパシーバ、ボリショイ！
DAY17(4/23)	→成田→千歳	ただいま！

Food 食べ物

結局一番美味いのは焼き鳥
レバノン、モロッコ、カシミール…色々な国で出会ったのが、この焼き鳥。スパイスなど味付けは少しずつ違うけど、見た目が美味しそうで実際に美味しい究極の食事だ。

ロシア風水餃子「ペリメニ」
世界一の他民族国家だけに、様々な文化に影響を受けた料理がある。その代表格がこのペリメニ。コンソメ風のあっさりスープの中に、可愛らしい水餃子が入っていて、なまら美味い。スーパーには冷凍版が売られており、「自炊に最高じゃん」と思ったが、圭は苦手だった。

真っ黒いハンバーガー
バーガーキングで以前、イカ墨をパンに練りこんだ黒いハンバーガーを発売して話題になったけど、その元祖か？ トナカイの肉、クランベリーソースなど、北極圏らしい一品。もしかして、今まで食ったハンバーガーで一番美味かったかも…。

個性豊かなロシアンビール
世界一の酔っ払い大国ロシアにおいて、ウォッカはまさにソウルドリンクだけど、次に人気なのがビールだ。アル中になる人が多すぎて、若者にはビールの人気が高まっているとか。ラベルも瓶の形も色々で、選ぶのが楽しかった。

ロシア庶民の味「ピロシキ」
ロシアといえば「ピロシキ」や「ボルシチ」を連想する人が多い。ピロシキは、近所の小さな商店やスーパーマーケット、ベーカリー、ゲレ食など、どこに行っても手に入る。小腹を満たすのに便利で美味しかった。

"地球を滑る旅"定食？
外食では未知なる料理にチャレンジする分自炊をすると無難な料理になってしまうどこの国でも手に入るチキン、ジャガイモ、米！ これをニンニクやスパイスで調理すれば絶対に間違いはない。結局、あまり凝っていない料理のほうが美味しいことがわかった。

臭すぎる珍味
日本でもありそうでないカレイの干物。その匂いはまさにウ◯コ。特に卵が珍味だけど、食べると宿全体に広がる悪臭に完敗。しかし、この臭さがアルコール度高めのウォッカによく合う。

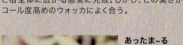

あった ま～る ボルシチ
寒いロシアで心と身体を癒してくれるのが、暖かいスープ。朝、昼、晩問わず、ロシアの人はスープをよく飲む。

お刺身系にチャレンジ
海外旅行に来て、まず生物は食うべきではない。でも、北海道のお隣で、海の幸が豊富なサハリンだから、海の恵みをできる限りそのまま食してみたくなり、チャレンジしてみた。半解凍状態で出て来たサケ、ヒラメ、甘エビなどをレモンと塩で食した。

絶品ニシン料理
ロシア料理では、ニシンを野菜と組み合わせた絶品料理がいくつもある。写真はニシンの塩漬けをジャガイモのサラダに乗せ、卵を添えたもの。サラダがニシンの臭みを消し、ニシンがサラダにコクを加える。まさに絶妙のハーモニーや！

コールスロー的な？
日本のコールスローをイメージしてお徳用パックを購入したが、全く違う味で好き嫌いないのに、不覚にもほとんど食べられなかった。ロシアで唯一美味しくなかった料理。

チョコレート大国
ロシア人はとにかくチョコレートが大好き。戦争だろうが革命だろうが、インフレに見舞われようが、チョコレートはいつでも生産され続けたという。好きなだけあって、種類も多いし、美味しいチョコレートが多い。

ロシア人のソウルドリンク
説明は不要だろう。ロシア人にとっての命の水。それがウォッカだ。酒で様々な失敗を繰り返し、平均寿命が縮まっても、「わかっちゃいるけどやめられない」

激安キャビア
1瓶300円のキャビア…。絶対にチョウザメの卵じゃないよね。なんか、すごく身体に良くない気がするけど、結構上手いんだな、これが。

いろいろなつぼ焼き
ロシアは大きな国なので、様々な地域の影響を受けた料理がある。写真はトルコ料理やチュニジア料理の影響を受けた壺焼き。パイ生地で蓋をした壺焼きが有名だけど、様々な壺焼きが楽しめる。モロッコで食ったタジンを思い出した。

蕎麦の実
ロシアでは、蕎麦を麺にするのではなく、お米のように炊いて食す。これが、肉料理などによく合う！ なんで日本ではこういう食べ方をしないんだろう？

人 People

世界で一番親切な人?
サハリンに到着して、最初に出会ったのがブロンドの女性アルザナ。自分の予定を変更してまで、バスの移動やホテルのチェックイン、美味しいレストランの紹介など、何から何まで面倒をみてくれた。

美しいロシアの少女
サハリンのスキー場で記念写真を撮っていたロシアの少女。綺麗だな〜と思ってよく見たら、まだ小学生くらいだった。ロシアでは、何度も天使を見かけた。

一緒に滑って意気投合した若者
1本の滑りを共有することで、一気に意気投合することは多々ある。男女グループの若者達と一緒に滑ったり、情報交換する仲になった。ロシアは広いので、地域によって人の雰囲気も様々。サンクトペテルブルクは一番ヨーロッパに近いだけあって、オープンで明るい人が多いようだ。

ホステルで出会ったスキー&酒友達
キロフスクに到着して早々、酒飲みのロシア人達と打ち解け、そのままボウリングに行き、酔い潰れるまで飲み明かした。お酒は友情の証なのだという。危険な思想だ。

レストランのお姉さん
ロシア人は写真を撮られるのが大好き。「写真を撮らせて」とお願いすると、ほぼ100%オッケーだし、ちゃんとポーズをとったり、一番の勝負顔で対応してくれる。綺麗な人が多いのは、あえてここで云うまでもない。

刺青のにいちゃん
THE DAYの朝に酔い潰れていた俺達を叩き起こして、山に連れて行ってくれた恩人。そのキャラクターや雰囲気全てが、アメリカ人のようだった。彼によってロシア人のイメージがかなり変わった。

気合いが入ったママと子守のパパ
随分かっこいい女の子のフリースキーヤーがいるな〜と思っていら、なんと幼い子供のママで、子守は全部パパ! プロテクターとか、気合い入りすぎでしょ!

ローカルキッズスキーヤー
世界のどこに行っても、子供達はスキーに夢中! 色とりどりのウエアを着て、朝から晩まで滑っている姿を見て、なんだか無性に嬉しくなった。

魚市場の兄ちゃん
サハリンのコルサコフで知り合った魚市場の兄ちゃんは、日本のことに興味も関心もないようだった。もしかしたら、彼にも日本の血が流れているのだろうか。

Russia Ski Now!!
ロシアのスキーエリア

カムチャツカ半島
世界が誇る野生の王国といっても過言でないカムチャツカは、ヘリスキーが中心だが、ペトロハバロフスクカムチャツキー郊外に小さなスキー場もある。

サハリン島
日本から一番近い海外のスキーエリア。近年、一気に近代化し、主に韓国や中国などからもスキーヤーが訪れるようになった。ユジノサハリンスクの街の中にあるようなアクセスの良いスキーエリアだ。

アルタイ地方
古代スキー発祥の地と言われているアルタイ地方にある スキーエリア。風光明媚で美しい山々を眺めながら、標高差約1,000mのスキーを楽しむことができる 隠れた楽園。

コラ半島
北極圏に位置し、ロシア人にもあまり知られていないマニアックなエリア。シーズンがとても長いので、春先はロシア中のスキー好きが集まってくる。

コーカサス地方
オリンピックが開催されたソチやヨーロッパ 大陸最高峰エルブルースでも有名な山岳リゾート。温暖な気候だけど、標高が高く、降雪量も多い。ヨーロッパから沢山のスキーヤーや訪れる ロシアNo.1スキーエリア。

ウラル山脈
長大なウラル山脈の南に位置する。標高差はさほどないが、いくつかのスキー場が点在し、モスクワが近いこともあり、賑わうスキーエリアだ。

今回行ったスキー場

世界一広い国に点在するスキー場で、今回行けたのはたった3箇所。ただ、どのスキー場も今まで見たこともない個性的なスキー場だった。きっと他のエリアのスキー場も、かなり怪しいスキー場に違いない…。

Gorny Vozdukh(サハリン)
ユジノサハリンスクの鉄道駅からバスで10分という驚くべき近さにある、設備、コースが充実したスキー場。圧雪バーンの充実と裏腹に、林間は世界屈指の難しさで要注意! 下のマップには載っていない北斜面は雪質も斜度も良くオススメだ。周囲の山々はかなり遠く、ここを起点に奥のバックカントリーは難しい。

Big Wood(コラ半島)
延々と続くタイガの海に浮かぶ島のようなヒビヌイ山脈。ここは、北極圏の美しさを味わうのに最高なスキー場だ。氷結した湖とキロフスクに滑り込む開放感。美しいボウルの数々に、溜息が出っ放しになる。ただし、厳冬期は寒さと風が厳しく、天候の機嫌を伺いならのスキーになる。稜線の奥や裏側はバックカントリーエリアになっていて、その可能性の大きさに驚いた。

Khibiny(コラ半島)
グーグルマップにも載っておらず、旅が終わるギリギリまで存在を知らなかったが、実はロシアのスルーライド系の滑り手が集まる楽園だった。山のトップまで上がれて、そこから360度どこでも滑れるし、シールを使えば、奥へ奥へと遊び場を広げることができる。超急斜面にかかったJバーは超ハードだ。

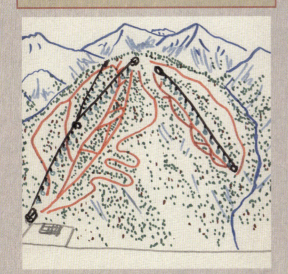

Top 590m	ゴンドラ 2基
Base 100m	クワッドリフト 2基
標差 490m	ペアリフト 2基
滑距離延 20km	Tバー・Jバー 2基

Top 1,047m	ゴンドラ 1基
Base 380m	ペアリフト 1基
標差 667m	Tバー・Jバー 6基
滑距離延 10,2km	スノーエスカレーター 1基

Top 890m	Tバー・Jバー 2基
Base 520 m	
標差 370m	
滑距離延 6km	

ロシアのスキー場あるある

国が広いから? ターンはかなり大きめだ / 国が大きいから? 滑走スピードが早めだ / スキーロッジで乳母車が異常に多い / お爺ちゃんスキーヤーがショーン・コネリーみたいでかっこいい / リフト係員が全くやる気がない / ゲレ食は基本的に美味い / リフトチケットがやたらと安い / バックカントリーをハイクする人が超少ない / レンタルボードのバインディングが壊れやすい…

Gear Introductions — Key Sato

ギア紹介

佐藤 圭：フォトグラファー
1972年3月19日生 札幌市出身

2009年に大雪山十勝岳エリアの懐、上富良野に移住し、そこを拠点にスキー、スノーボードの撮影をメインに活動し、メーカーカタログ、雑誌等で発表。世界各地を訪れ、国内外問わず様々な土地で多くのライダーとのセッションをライフワークとしている。

Ride the Russia

SNOWBOARD : FIELDEARTH TENTACLE ped161
BINDING : SP-UNITED ft.split
BOOTS : DEELUX INDEPENDENT
POLES : V-STICK
BACKPACK : F-STOP AJNA40
GOGGLE : REVOLT

JACKET : Permanent Union Mackmyra Jacket
PANTS : Permanent Union Corsair BIB Pants
INSURATION : Houdini & Millet
GLOVES : HESTRA
SOCKS : YAMATUNE

WATCH : CASIO PROTREK SMART
SKIN CARE : ENPISTA
BAG : douchebags
CAMERA : CANON 1DX & 5Dmark2、Leaica M8、SONY RX100、写ルンです
LENS : CANON 70-200、24-70、16-35、8-15、EXTENDER 2X

Takeshi Kodama

児玉 毅：プロスキーヤー
1974年7月28日生 札幌市出身

大学に入ってから本格的にスキーに取り組み、卒業後、単身アメリカへスキー武者修行の旅に出る。その後、エクストリームスキーのワールドツアーに参戦しながら、国内外の難斜面、極地、高所、僻地などでスキー遠征を重ねる。2000年北米大陸最高峰マッキンリー山頂からのスキー滑降、2003年シーカヤックを用いたグリーンランドでのスキー遠征、2008年ヒマラヤ未踏峰での初滑降など、世界各地の山々にシュプールを刻む。2005年にはエベレストの頂上も踏んでいる。撮影活動も精力的に行なっており、スノー系専門誌を中心に掲載多数、DVD作品22タイトルに出演。2015年から北海道発のスキー番組「LOVE SKI HOKKAIDO」のメインスキーヤーを務める。

SKI: ATOMIC BACKLAND95
BINDING: ATOMIC BACKLAND
BOOTS: ATOMIC HAWX ULTLA XTD 130
POLES: ATOMIC BACKLAND FR
BACKPACK: DEUTER FREERIDE PRO 30
HELMET: SMITH Vantage
GOGGLE: SMITH I/O7

SKI JACKET: PeakPerformance TETON JACKET
SKI PANTS: PeakPerformance TETON PANTS
INSURATION JACKET: PeakPerformance HELIUM JACKET
INSURATION PANTS: PeakPerformance HELIUM SHORTS

GLOVES: HESTRA ALL MOUNTAIN
CLIMBING SKIN: G3 Alpinist High Traction Skins
SKI BAG: douchebags The Douchebag
CARRIER BAG: douchebags The Big Bastard 90L

BEACON: bca TRACKER3
PLOVE: G3 300 Carbon Speed TECH
SHOVEL: bca B-1 EXT
SNOW SAW: G3 BoneSAW
CRAMPONS: CAMP XLC Nanotech step in
PICKEL: CAMP Corsa Nanotech
WATCH: SUUNTO TRAVERSE
WAX: Matsumoto Wax Top-6 paste

エピローグ

甲子園球場は連日の猛暑日を記録し、日本列島が夏のピークを迎えていたある日、俺は病院のベッドの上で酸素マスクをつけ、薬で意識が朦朧としながら、心配そうに見つめる子供達の顔をボンヤリと眺めていた。

スキー以外の怪我なんてありえないと思っていた自分が、運動不足のお父さんの怪我というイメージが強いアキレス腱断裂というヤツをやってしまうとは思ってもみなかった。友達に誘われて始めたフットサルで、同年代の中では体力に自信があった俺は、どこかで「良いところを見せよう」と無理していたような気がする。思えば43歳という年齢になり、以前に比べるとトレーニングの量も減っていた。そして、前厄、本厄、と大きな怪我や病気もなく乗り越え、後厄の歳もあと少しで終えるところで…。

最初に大怪我をして手術を受けたのが20代の時。1日だって雪の上にいないことが苦しく、焦りと悔しさ、不安といった様々な感情を乗り越え、力強く這い上がったのを覚えている。心も身体も充実していた30代で2度目の前十字靭帯断裂を経験した。このときは怪我からも得られるものがあることを理解していたので、とても前向きな入院だった。そして、今回が3日目の入院だ。怪我する前兆というわけではないけど、精神的な変化が自分の中にあったように思う。

仕事というか、自己実現という部分では、幸せなことに「今死んでも悔いがない」と思えるくらい充実した日々を過ごしてきた。別にお金持ちになったわけでも、地位や名声を得たわけでもないけど、ここまで走り続けてきたことに満足している自分がいた。現在も「地球を滑る」という夢は継続中だけど、それは実現した夢の延長であり、若い頃のハングリーで情熱的な夢とは明らかに違っていた。子供と夏休みを過ごし、一緒にサッカーをして、キャンプをして、海水浴をして、いつの間にか、無限で未知なる子供の夢を一緒に見ている自分がいた。つまり、自分のことは後回し。子供の夢が最優先になっていたことは否定できない。

病院のリハビリセンターは、12年前と何ら変わっていなかった。「懐かしいな〜」と思いながら、松葉杖で入っていくと、早速、見覚えのある顔に出会った。

「おお！ 児玉君、久しぶりだね〜。変わってないね〜！」

おしゃべりな理学療法士の樋口先生がそこにいた。俺は一瞬固まってしまった。12年前から時間が止まっているかのようだった。そのあと、16年前に初めて怪我をしたときに担当してくれた三浦先生にも声をかけられた。昔の記憶がどんどんと蘇ってきた。1分1秒でも早く雪の上に復活したいという猛烈な想い。リハビリなのにオーバーワークからくる胃腸炎になったり、極限まで頑張った過去の自分がまるで別人のことのように思い出された。それに比べ、「やっちゃったな〜」と緊張感のない今の自分。あの頃に戻りたいとは思わないけど、過去の自分に気付かされることがたくさんあるように思えた。今の自分を励ましてくれるのは、もちろん家族であり、心配してくれる友達だったりするのだが、最も強烈に叱咤激励するのは、過去の自分に他ならなかった。

「あの頃、夢見ていた自分をがっかりさせない43歳でありたい」

そう思った。

退院して自宅に戻ると、何もできない歯がゆさを思いっきり味わった。怪我をする前、少しでも時間があれば、海にプール、公園、キャンプと子供達を連れて走り回っていただけに、「もっと連れてって欲しかった！」と不満をぶつけられると思っていた。しかし、子供達は何も言わず、俺の身の回りの世話をしてくれた。一年生になった次男は、2階の寝室に上がれない俺のために、毎晩1階の和室に布団を敷き、ついでに自分の小さな布団を隣に敷き、「早く元気になれるといいね」と俺を励ましてから眠りにつくようになった。子供達にとって一番嬉しいのは、いつも側にいてくれるお父さんよりも、いつも目を輝かせているお父さんなのではないだろうか…。

「ほんと、俺って不器用だな〜」

いちいち痛い目に合わなければ、ちゃんと気づくことができないのだ。

「もしもし、圭？ 実は報告が2つあってさ」
「おお、たけちゃん、お久しぶり！ なになに？」
「まず、一つ目は、アキレス腱切っちゃった！ 全治5ヶ月！」
「え〜！ マジで！！」
「で、もう一つだけど」
「え、なになに？ もっと重大なこと…？」
「うん。もっと重大なこと」
「ど、どうした？」
圭はかなり警戒した声で聞いてきた。
「レンタルボードのビンディングが…、うそうそ（笑）」
「ガハハ！ 笑えないから！ で、何さ？」
「実は…、次行きたい国、決まったよ！」
少しの沈黙のあと、電話越しに圭の高笑いする声が聞こえた。
通話を終えて携帯電話をポケットに捻じ込むと
飛行機雲がまっすぐ西の方角に続いているのが見えた。
「早く滑りて〜！」
腹一杯の声は広い空に吸い込まれていった。
こんなにシンプルに目標を見据えるのはいつぶりだろうか。
俺は清々しい気持ちで松葉杖を取ると、再びゆっくりと歩み始めた。

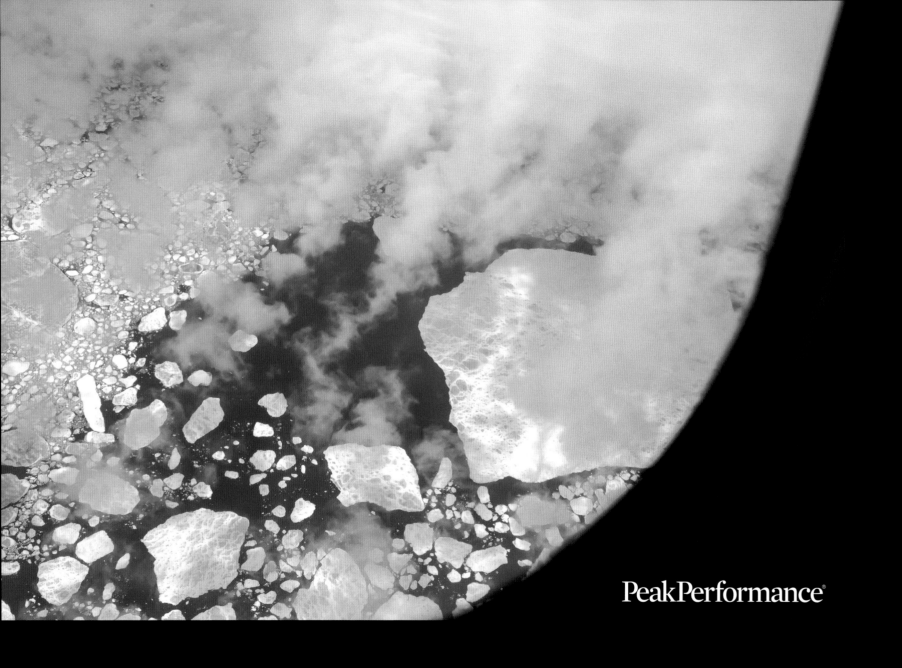